应仁之乱

[日]吴座勇一 —— 著　　康昊 —— 译

四川文艺出版社

目　录

前　言　1

第一章　畿内的火药桶——大和　7

第二章　通往应仁之乱之路　43

第三章　大乱爆发　71

第四章　应仁之乱与兴福寺　99

第五章　众徒、国民的挣扎　125

第六章　大乱终结　147

第七章　应仁之乱后的室町幕府　173

终　章　应仁之乱的余波　203

主要参考文献　223

后　记　229

年　表　233

出版后记　239

国　名	现都府县名					
筑　前	福　冈	阿　波	德　岛	近　江	滋　贺
筑　后		土　佐	高　知	山　城	京　都
丰　前	大　分	伊　予	爱　媛	丹　后	
丰　后		赞　岐	香　川	丹　波	
日　向	宫　崎	备　前		但　马	兵　库
大　隅	鹿儿岛	美　作	冈　山	播　磨	
萨　摩		备　中		淡　路	
肥　后	熊　本	备　后	广　岛	摄　津	大　阪
肥　前	佐　贺	安　艺		和　泉	
壹　岐	长　崎	周　防	山　口	河　内	
对　马		长　门		大　和	奈　良
		石　见		伊　贺	
		出　云	岛　根	伊　势	三　重
		隐　岐		志　摩	
		伯　耆	岛　取	纪　伊	和歌山
		因　幡			

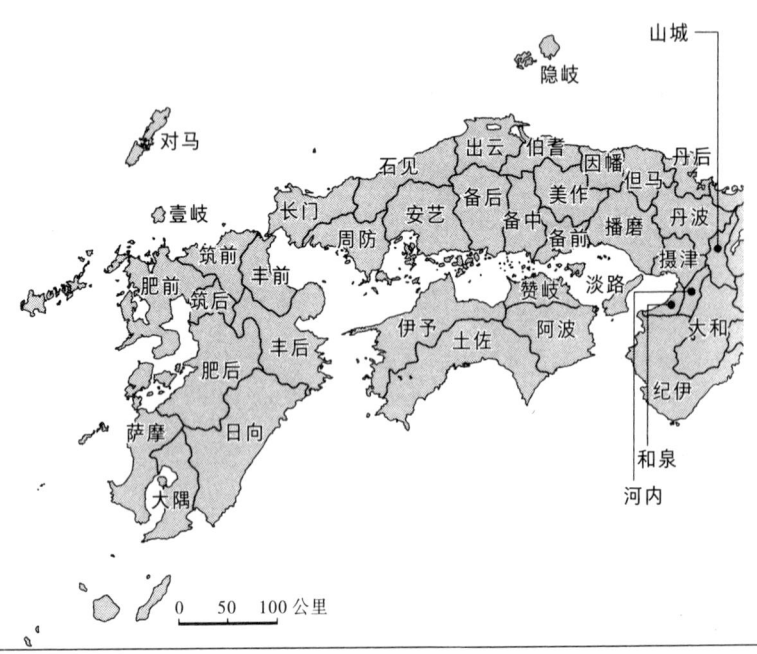

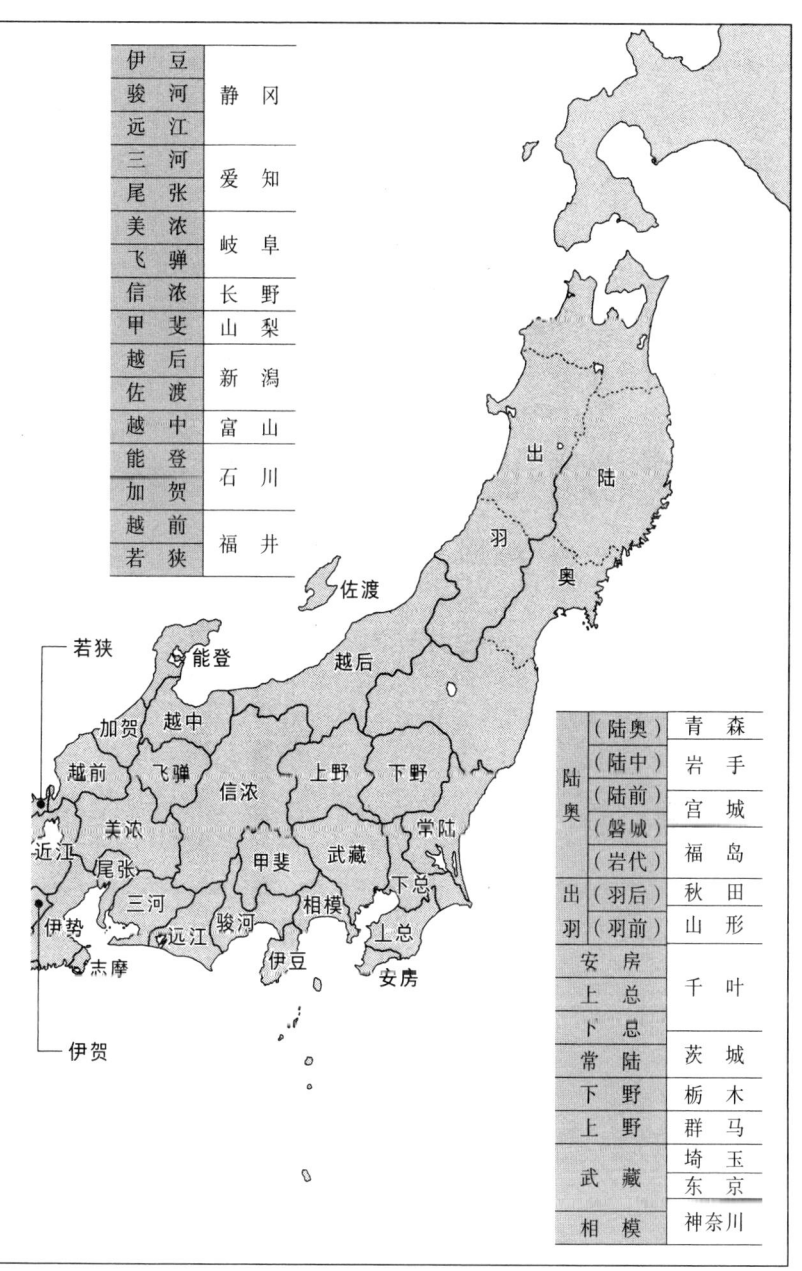

前　言

恐怕没有人不知道应仁之乱吧。连小学社会教科书里也会提到的应仁之乱，是日本历史上最知名的战乱之一。

但是，如果被问到应仁之乱是一场怎样的战乱，恐怕很多人都答不上来吧。也许有人能记得"人世虚空，应仁之乱"[①]这个双关语。或许也有人能说出"东军主帅叫细川胜元，西军主帅叫山名宗全"。但除此之外就很困难了。最终，多半以"这场战乱导致室町幕府走向衰亡，战国时代开始了"这种固定句式收尾。

关心它的人也不多。1994年NHK播放了以应仁之乱为题材的大河剧《花之乱》，结果成了历代大河剧中收视率最低的一部（不过顺便说一句，这一最低纪录在2012年被《平清盛》打破了）。这部电视剧本身不差，但收视率实在过于悲惨。

应仁之乱最为困难的问题是，人们不明白为什么战乱会爆发，也不知道最终究竟是谁获得了胜利。应仁之乱是从应仁元年（1467）到文明九年（1477）持续了十一年的大乱。一般的说明会说，室町幕府八代将军足利义政无子嗣，于是以其弟足利义视为继承人，但随后足利义政妻日野富子生下一男（后来的足利义尚），日野富子意欲让自己的儿子继承将军之位，正好那时候细川胜元与山名宗全两雄为争夺幕府的实权，介入将军家的内斗，于是应仁之乱就爆发了。然而，对这种说法已有很多的批判，有人

[①] 人世虚空（人の世むなし）与应仁之乱的年份"1467"谐音。

指出了应仁之乱爆发的其他原因。

应仁之乱爆发之初，战场仅限于京都，最终却波及地方，全国各地都发生了战斗。在这样大规模且长期的战乱中，大名们到底为何而战竟不是十分清楚，实在不可思议。战争过程既无戏剧性，又不华丽，唯有徒劳无功，不合逻辑。应仁之乱这些难以理解之处，进而让它更没有人气了。

原因不详、结果不明的应仁之乱，对后世却影响巨大。大正十年（1921），东洋史学者[①]内藤湖南在演讲《关于应仁之乱》中这样说：

> 若为了了解今日之日本而研究日本历史，研究古代历史毫无必要。知道应仁之乱以后的历史就足够了。之前的历史几乎与外国历史无异，但应仁之乱以后的历史是我们身体血肉直接能接触到的历史，若能真正了解它，对日本历史的所知就足够了。

与现在的日本有关的仅仅是应仁之乱之后的历史，之前的历史如同外国史。这段过激的发言十分有名，可能有的读者早就听过了。在那之前的史书虽然也关注应仁之乱，但关注程度不外说它是"一场大乱"而已，对譬如源平合战、承久之乱等战乱则更为重视。应仁之乱是日本历史上最大的事件——内藤湖南这如棒喝一般的史论，是非常有独创性的。

---

① 亚洲史学者，中国史学者。日本的大学史学科一般将日本史之外的历史分为东洋史和西洋史。

为什么内藤湖南认为应仁之乱与其他战乱相比有特别的意义呢？这是因为他认为，应仁之乱彻底打破了旧体制，揭开了新时代的序幕。

内藤湖南说："正因为足利时代是个完全没有天才的时代，所以应仁以后的百年中争斗不止，战事不休。"然而内藤与之前的史家不同，并不慨叹英雄不再，战乱频发。恰恰相反，在他看来，正因为如此，这才成为一个"最下层的人打破既有旧秩序"的下克上盛行的时代。

内藤湖南认为，战国时代和乱世因应仁之乱而到来，对平民而言反倒是出人头地的机会，是件可喜可贺的事情。对出生在和平时期日本的我们来说，这实在是危险的主张。

这种颠覆性的对应仁之乱的评价，在期望庶民革命的战后左派史学之中也能看到。永原庆二在中央公论社《下克上的时代》（1965年初版）中指出："应仁之乱的大将细川胜元和山名宗全都不是称得上英雄的华丽人物……一般意义上的政治家、武将之中，称得上英雄的成功者一个也没有。""但如果稍微变换视角，这样一个可以说有无数无名的庶民英雄活跃着的时代，是绝无仅有的。"于是，通过发掘这些时代的无名英雄，他热情地写道："'历史是由民众创造的'这句又古又新的格言，可以从史实之中真切地感受到。"

二十世纪七十年代以后，日本史学界开始对过去以左派理论为指导的社会构成史研究提出疑问。人们指出借用西洋理论分析日本史所出现的问题，永原的研究也成了批判对象。然而，内藤湖南提出的"应仁之乱是时代转折点"的观点得到了继承。不仅如此，内藤的言论甚至被作为批判左派历史学的材料来引用。

胜俣镇夫在氏著《战国法成立史论》（1979年初版）的序言中提及内藤湖南的演讲，对其表示支持："内藤湖南所述应仁之乱以前具有悠久历史的日本是个与近代日本无关的异质社会，应当舍弃，以近代日本历史学的常识来讲，他的见解近乎谬论，但就我而言，当我站在从现实生活的感觉来把握历史这一立场上时，不得不说我能够充分理解并深有同感。"此外，胜俣镇夫在1994年的论文《十五至十六世纪的日本》中也引用了内藤的演讲，将应仁之乱以后的一百年称为"旧体制崩坏，近代萌芽的时代"。

胜俣的学说从内藤的演讲中获得了启发，大胆地将日本历史一分为二，这就与左派历史学发展阶段论分段进步的理论不同了。但另一方面，胜俣镇夫评价战国时代是"在日本历史上，民众首次作为推动历史的主体力量登上历史舞台的时代"，这一理解与战后历史学的战国时代观区别不大。"以应仁之乱为契机，民众……"这一句式确实颇受欢迎。

但近来的研究朝着反对给应仁之乱赋予太多意义的方向前进。尤其是对应仁之乱"前"与"后"的政治局势进一步研究后，就看不到"以应仁之乱为界，日本骤然剧变"这种主张了。

首先，通过对应仁之乱"前"，也就是应仁之乱之前的政治状况的研究，学者发现，嘉吉元年（1441）嘉吉之变（六代将军足利义教被暗杀的事件）后，幕府的混乱统治持续了二十余年。此前足利义政被说成是愚蠢的将军，又或者说足利义政之妻日野富子插手政治，总之是将应仁之乱归咎于当权者的个人素质。然而，由于嘉吉之变以后的政治局势得以明确，应仁之乱就被评价为二十年来累积的矛盾的总清算，对应仁之乱本身的关心程度相对降低了。

应仁之乱"后"也是一样。过去的研究认为，应仁之乱后，室町幕府丧失领导能力，沦落为有名无实的存在。但随着近年来研究的发展，史学家们认为应仁之乱结束后，幕府重建自身统治的工作有所进展。幕府权威彻底丧失是在明应二年（1493）的明应政变后，这是研究这一时期的学者们一致认可的结论。如果让他们说的话，明应政变才是战国时代的开始。

的确，若关注幕府政治的变化，比起应仁之乱，明应政变可能更具有划时代意义。近年来的研究否定了将军家内斗导致应仁之乱爆发这一传统观点，而是逼近幕府内部真正的对立模式，这样的观点对研究政治史来说具有非凡的价值。

然而，当不限于室町幕府，而从对全日本社会整体的影响来考虑时，比起明应政变，应仁之乱无疑意义更为重大。此外，应仁之乱即便不是开端，但它确实持续了很长一段时间，这一点就有独特的意义。即便说第一次世界大战，假如只三个月就结束了的话，是否还会在一百年以后的今天仍被人们热烈讨论，就很值得怀疑了。

因此，不仅是应仁之乱的"入口"和"出口"，对其"里面"的研究也是不可缺少的。这时不可以陷入列举没落贵族的不满，新兴的民众力量对乱世表示欢迎这种陈词滥调。但是冷冰冰地罗列"某年某月某日，某处发生了某次战斗，某某某取得了胜利"这些事实也没有意义。关键是要能够一览卷入战乱旋涡的人的生存状态。

为研究这个课题，极好的史料是《经觉私要钞》和《大乘院寺社杂事记》。两者都是室町时代兴福寺僧侣的日记。前者的记录者是经觉，后者的记录者是寻尊，二人都经历了应仁之乱，并留下了大量具有极高价值的关于这场战乱的日记。

经觉与寻尊都生活在奈良，他们所获得的有关京都和其他地方的信息中有不少不正确的传言或谣言。因而若要把握应仁之乱整体的构架和经过，二者称不上最好的史料。但是，二人的日记反映的不只是经觉、寻尊两位记录者本人，还有他们周围的僧侣、贵族、武士、民众在大乱的旋涡中如何生存、如何思考，从这一点上讲，他们的日记具有别的史料替代不了的价值。

当然，这两份史料在此前对应仁之乱的研究中已经得到了充分利用。但其只为确定事实关系而使用，否则就可能带着"这是落伍于时代变化的守旧僧侣的抱怨"这样先入为主的观念来进行理解。寻尊在日记中一再为世道混乱而忧虑，这是事实，但仅仅以"旧统治阶层的没落与新兴势力的发展"的视角，是不能完全理解这部日记的丰富内涵的。贵族与僧侣都顽强生存了下来，但对大多数民众而言，战乱仅仅是一场灾难而已。

应仁之乱给日本社会带来了什么？本书将以上述两份史料为中心，外加其他各种史料，力图具体地为大家呈现当时人们生活的样貌，并以此展开讨论。

第一章

畿内的火药桶——大和[①]

兴福寺与大和

摄关家与兴福寺

提到奈良，你会想到什么呢？也许你脱口而出的是"鹿"，又或者很多人会先想到东大寺的大佛。然而在中世，奈良就等于兴福寺。

那么，兴福寺是一座怎样的寺院呢？这座收藏了以国宝阿修罗像为首的众多珍贵文物的著名寺院，对它的历史，大家却意外地知之甚少。奈良是本书最主要的舞台，因而必须先了解兴福寺的基本知识。首先大致介绍一下它。

兴福寺的前身是藤原氏的祖先藤原镰足于天智天皇八年（669）创建的山阶寺。而后在迁都藤原京时，镰足之子藤原不比等将山阶寺搬到了厩坂（厩坂寺）。接着和铜三年（710），首都迁到平城京，遂在奈良的春日构筑佛堂，将镰足下令塑造的释迦三尊[②]

[①] 现在的奈良县。——本书注释皆为译者所加
[②] 即以释迦牟尼佛像为中心搭配两胁侍菩萨的组合。兴福寺以释迦如来、药王菩萨、药上菩萨为三尊。

兴福寺国宝五重塔（右）与东金堂

像从厩坂寺移来，并按"兴国家之福"之意，取名兴福寺。

在此以后，兴福寺作为藤原氏的氏寺①愈发兴盛，并于养老四年（720）列为官寺，成为举办维摩会等国家法会的场所。因此，兴福寺同时受到檀越②藤原氏与朝廷双方的影响。

院政③时代伊始，从白河院时代（1073—1129）开始，藤原氏的嫡传一系，也就是摄关家④的子孙开始在兴福寺出家。第一位是藤原师实（藤原道长⑤之孙）之子觉信。他于承保元年（1074）十岁时（虚岁，下同）出家，成为兴福寺别当（兴福寺的最高领导，又称"寺务"⑥）赖信的弟子。康和二年（1100），觉信就任兴福寺别当。摄关家子弟担任兴福寺别当的传统就此确立。

摄关家之所以与兴福寺关系紧密，是因为院政政策确立之后，摄关家因自家政治权威下降而感到危机。事实上在这个时期，向来由藤原氏的氏长者（藤氏长者⑦）决定的兴福寺人事任免，也受

---

① 特定氏族皈依并庇护的寺院。
② 即施主，又称檀主。这里指创建寺院或长期资助寺院的世俗家族。
③ 由退位的一位上皇或法皇（院），以天皇家家长的身份，担任"治天之君"，执掌天下大权的政治形式。
④ 藤原氏的嫡传一系，因世袭"摄政""关白"而称为摄关家，后来逐渐分裂为近卫、九条、一条等五摄家。
⑤ 平安时代政治家（966—1028）。
⑥ 以下原文作"别当"或"寺务"的地方一律译为"别当"。
⑦ 整个藤原氏之长。相应地，源氏也有源氏长者。

到了院——"治天之君"的干涉，对此不满的兴福寺频频发起嗷诉（强诉[①]）。（参考拙著《一揆的原理》）

在院与摄关家、兴福寺相互对立的态势下，兴福寺的军事力量得到了强化。俗称"僧兵"，也就是当时所称的"大众"登上了历史舞台。在白河院政之后的鸟羽院政期，就有个大和源氏出身（即武士出身）的僧侣，名叫信实，在兴福寺的权势如日中天，人称"日本第一武勇恶僧"。

由于与摄关家之间的关系越发密切，兴福寺被卷入摄关家内部政治斗争中去。保元元年（1156），因藤原忠通、藤原赖长兄弟反目，保元之乱爆发，信实率领兴福寺站在了藤氏长者藤原赖长这一边，不过未赶上战斗。藤原赖长败亡后，信实等人的领地被没收了。

治承三年（1179），平清盛发动政变，软禁后白河院。此时，被视为反平氏的藤氏长者松殿基房被流放。兴福寺僧人因而奋起，此后一直站在反平氏的立场上。次年，也就是治承四年，平清盛第五子平重衡率军讨伐南都（奈良），战火中兴福寺、东大寺几乎化为灰烬。

一乘院与大乘院

治承·寿永内乱（也就是所谓的"源平合战"）结束后，在兴福寺别当信圆的奔走下，兴福寺得以重建。镰仓幕府成立后，大和国（今奈良县）不设守护[②]，兴福寺作为事实上的守护

[①] 大寺院和神社借用神佛的名义，对朝廷发动暴力上诉，以求满足自己的政治经济利益。
[②] 幕府在各国（大行政区）设立的统辖武士，执行幕府命令的官职。守护是幕府内部的职务，与朝廷在各国设立的国守无关。

统治大和。

然而这时出现了新的问题,这就是摄关家的分裂。镰仓时代初期,摄关家分裂为近卫家和九条家,近卫家与九条家互为对手,都试图征服另一方,掌控兴福寺。结果,信圆掌握的大乘院、一乘院成为争夺的对象。其过程迂回曲折,最终近卫家子弟被送入一乘院,九条家子弟被送入大乘院,形成一种共存状态。此外,近卫家又进一步分出鹰司家,九条家又分出一条家和二条家(也就是"五摄家"),后来这些家族子弟也进入一乘院和大乘院。

一般认为,当时兴福寺有超过一百个院家[①]和坊舍[②],摄关家子弟的出家地一乘院和大乘院在其中是特别的存在。天皇与摄关家子弟担任院主的院家称为"门迹",在兴福寺中,一乘院与大乘院就是"门迹",称为"两门迹(两门)"。几乎所有的院家、坊舍都从属于这两大门迹,形成了以门迹为中心的主从制门流组织。学界称其为"两门体制"。

于是,兴福寺的僧侣因为出身的不同,也被明显地区分开来。摄关家出身的称作"贵种",他们以固定的节奏步步高升,最终成为门主(门迹之主)。比摄关家地位低的贵族清华家、名家出身的僧侣叫作"良家"。"良家"阶层的僧侣虽然也具备担任别当的资格,升迁速度却有天壤之别。举一个例子,出身贵种的大乘院寻尊二十七岁就做了别当,良家出身的东北院俊圆直到四十二岁才终于就任此职。这是因为贵种僧侣享受特别的优惠待遇(良家必须要先担任权别当才能成为别当,贵种则不需要,等等)。僧侣的地位

[①] 寺院的下属寺院。譬如一乘院和大乘院是兴福寺的下属寺院。
[②] 寺院周围比院家级别更低的下属寺院。

与他们作为僧人的成绩、能力毫无关系，仅仅由血脉和家族出身决定。良家绝无法凌驾于贵种之上。此外，在良家之下还有"凡僧"。

摄关家子弟就任门主时，将会继承门迹庞大的财产。而且，他们还可以对下属的院家施加影响。贵种僧侣的门流统治的深化，导致门迹之间围绕庄园等利权发生利益争端。永仁元年（1293），因为近卫、九条、一条家的对立，一乘院与大乘院爆发冲突，经镰仓幕府介入，到永仁五年总算平息（永仁的南都斗乱）。此外观应二年（1351），为争夺喜多院的控制权，两门迹兵戎相见（观应的争端）。

众徒与国民

在永仁的南都斗乱中，一乘院、大乘院双方的"实际参战部队"是众徒。众徒这个词，原本和大众（寺僧集团）同义。然而，如前所述，随着寺院内部身份等级差异的产生，兴福寺内的众徒即大众，也随即不再是一个整体。镰仓中期，专事学问的僧侣在大众之中被称作"学侣"；与之相对，武装的下级僧侣被叫作"众徒"，以示区别。

到了镰仓末期，众徒当中的中层僧侣作为"六方"独立出来，相反，下层僧侣们组成"官符众徒（官务众徒）"这一武装集团。他们既是兴福寺的僧侣，又担任兴福寺领属庄园的庄官等职务。由于他们几乎与兴福寺内的佛事无关（仅仅负责筹措资金），实际上和武士别无二致，唯一的区别是剃了光头而已。[①]

[①] 事实上凭是否剃发，仍然无法区分武士与众徒。当时，很多武士是剃了发的"在俗出家者"，与僧侣并无不同。

这些众徒是兴福寺的军事警察，受学侣和六方指挥。但是，随着永仁的南都斗乱等寺内暴力冲突频发，众徒的发言权也日渐增强。

另外还有一个被称为"国民"的群体。国民指春日社白衣神人①，与其余诸国的"国人（地方武士）"属于同一阶层。春日社是祭祀藤原氏氏神的神社，在中世与兴福寺是一体的。因此，国民也从属于兴福寺，作为兴福寺和春日社的暴力机构活动。由于众徒与国民二者特征类似，常被并称为"众徒、国民"。（但是国民的身份并非僧侣，与众徒不同，他们并不剃发。此外，相比众徒，国民于兴福寺的独立性更强。）他们或属于一乘院，或属于大乘院，被称作"坊人"。

这些大和国的武士们，都会参加每年九月十七日（现在是十二月十七日）举行的春日社若宫祭（御祭，详见第五章），一起在流镝马②仪式中当差。最初是平田党、长川党及他国武士参加，十三世纪中叶到十四世纪初有长谷川党、乾协党和葛上党参加，镰仓末期至南北朝期间有散在党参加。补充一句，永仁的南都斗乱，就开始于永仁元年（1293）的御祭上，大乘院一方的武士混在流镝马队列中进入奈良③，袭击了一乘院，一乘院方武士遂应战。

自从散在党参与御祭以后，渐渐就没有他国武士参加了，大和国武士独占了流镝马的差使。最终形成了以国民阶层为中心，

---

① 神人为下级神职，为神社杂务的辅助人员。
② 一种骑射活动。
③ 本书中提到的"奈良"，一般不指今奈良县全境（奈良县全境称为大和），仅指奈良县北部地区，即兴福寺、东大寺等所在地。

长川、长谷川、平田、葛上、乾协、散在六党轮流与之搭配，担负御祭的流镝马职责的体制。

前人通过研究得出结论，认为兴福寺通过御祭将大和国内的武士组织起来。笔者并不否认这一理论，但除此之外，我认为流镝马这一差使也使众徒和国民之间的联系更加强化。与其说这是兴福寺对大和一国的控制得到加强的表现，倒不如说是"众徒、国民"团结了。下一节开始，我们就以他们的行动为中心，来看看动乱中飘摇的大和国的历史。

动乱的大和

南北朝时期的大和

过去的研究认为，南北朝期间，一乘院追随南朝，大乘院追随北朝，兴福寺一分为二。这是依据一乘院实玄的父亲近卫经忠属于南朝一方等事实来推测的。但根据安山次郎的研究，兴福寺整体一直属于北朝一方，也就是武家（室町幕府）一方。幕府为照顾兴福寺，未在大和设守护，兴福寺握有事实上的守护职权。一乘院与大乘院虽然处于激烈且反复的对抗状态，但与南北朝的对立毫无关系。

特别是观应二年（1351）的"两门迹争执"，是个关键的时间点。一乘院与大乘院的纷争断断续续，持续了三十年。兴福寺，以及众徒和国民完全一分为二。两门迹为了将"众徒、国民"的武力拉入本派麾下，竞相拿出更高的赏赐。结果，一乘院、大乘院的领地落入"众徒、国民"的手中，门迹对庄园的控制权徒有虚名。

曾研究过十五世纪后半叶的大乘院门主及兴福寺历史的寻尊说："这场战乱是兴福寺灭亡的开端。"寻尊是个对什么事都持悲观态度的人，对于他的这句评价也应该打个折扣，但说两门迹的分裂和对抗将"众徒、国民"推上了历史舞台，却是没有错的。是否能得到"众徒、国民"的支持，成了事关门迹和院家兴衰的关键。

虽然刚才提到兴福寺追随武家一方，但"众徒、国民"未必追随武家。高市郡的越智氏，宇智郡的二见、牧野、野原氏等大和国南部武士均因靠近吉野而属于南朝一方。其中散在党的越智氏格外重要。

散在党指不参加长川、长谷川、平田、葛上、乾协五党任何一党的武士，也就是大和国内零散分布的武士结成的一党。其盟主是以高市郡越智乡（今奈良县高市郡高取町越智）为根据地的越智氏。越智氏是大乘院一方的国民，自称源氏。南北朝时代越智氏是大和国内南朝一方势力的中心，观应扰乱[①]时逃离京都的足利直义（足利尊氏之弟）甚至都要仰仗他们的力量。

另一方面，幕府一方有名的人物是以添下郡筒井乡（今奈良县大和郡山市筒井）为根据地的筒井氏。筒井氏是乾协党的一员，最初并无多大的存在感。但至德二年（1385），筒井顺觉成为乾协党中的重要力量。（《西大寺文书》）根据寻尊的解说，筒井镇

[①] 南北朝时代中期幕府内部发生的一次分裂和动乱。将军足利尊氏之弟足利直义，连同养子足利直冬（足利尊氏庶子）与南朝势力合作，反抗足利尊氏。

第一章 畿内的火药桶——大和

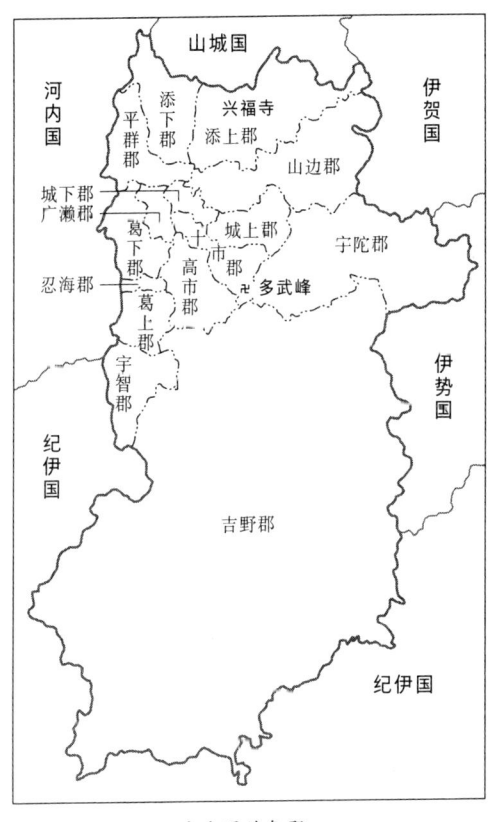

大和国的各郡

压兴福寺嗷诉有功,被室町幕府三代将军足利义满封为官符众徒。(《大乘院寺社杂事记》)向来官符众徒的任免权在兴福寺别当手里,因此足利义满的这次任命是个特例。筒井在乾协党当中崛起,背后应该有幕府的支持。

应永十一年(1404)十月,一乘院一方国民、长川党的箸尾为妙攻击了筒井顺觉。幕府命二者停战,请兴福寺别当大乘院孝圆出面协调,孝圆却说"这是一乘院的问题",面有难色。最终,幕府强令二者停战。(《寺院细细引付》)然而,应永十三年,足利义满重提旧事,追究箸尾为妙、十市远重攻击筒井氏的罪责,向大和派出讨伐大军。(《药师院旧记》)箸尾、十市战败,足利义满没收了他们的领地,将其赠予春日社和兴福寺。(《大乘院寺社杂事记》)应永十五年筒井与箸尾交战之际,幕府军为援救处于劣势的筒井,也曾向大和派出援军。(《东院每日杂杂记》)

之后,筒井与箸尾纷争不断,虽然每次幕府都下令停战,但由于筒井一贯忠于幕府,箸尾却曾偏向南朝,因此幕府的裁定总无法避免地偏向筒井一边。为了挽回劣势,箸尾越发和越智走到了一起。

此后,大和国内的纷争发展为亲幕府的一乘院一方众徒筒井,与反幕府的大乘院一方国民越智之间的斗争。

国中合战

由于大乘院与一乘院的对立,兴福寺别当的控制力大减,一乘院、大乘院两门迹实际上掌握着大和的守护职权。然而,其职权范围却无法达到南部的宇智、吉野、宇陀三郡,基本上只能控制奈良与国中(奈良盆地)一带。

应永十二年(1405)八月,幕府将宇陀郡交与兴福寺大乘院管理。然而,割据宇陀郡的泽、秋山两氏强占宇陀郡内的兴福寺领属庄园,与其对抗。(《宇陀郡奉行引付》)他们原本是南朝一方的武士,奋起反抗幕府一方的兴福寺实属理所应当。此外,同为南朝一方的多武峰寺①（现在的谈山神社）也侵入宇陀郡，与兴福寺相争。因此，兴福寺并未实际支配宇陀郡。

应永二十一年五月，多武峰寺与泽氏发生纠纷，由于多数国民介入此事，一场大规模的纷争爆发了（国中合战）。四代将军足利义持虽下达停战命令，却未收实效。幕府遂命令兴福寺别当东院光晓出面制止争端。接受幕府之命的兴福寺学侣和众徒协助幕府使者出面调停，支援泽氏的越智氏遂应幕府要求，表示撤兵，多武峰寺的僧人却对幕府使者暴力相向。(《兴福寺日次记》)

幕府再度派遣使节，两军终于撤兵。兴福寺的学侣、众徒就防患之策协商，认为国民们以个人理由擅自发起军事行动是造成大和国内乱的原因。于是他们向幕府传达自己的意见，应该叫停国民之间的"私战"，凡有纷争应由幕府裁决解决。

同年六月二十日，幕府依照兴福寺的愿望，命令众徒二十六人、国民二十八人于次月五日之前上京。七月八日，幕府对上京的众徒和国民下达了七项要求，主要内容是："今后无幕府命令擅自私战者，处以流放大和之外的刑罚，并没收领地。协力者连坐。即便有两门迹指示，也不得擅动。凡有问题，应向幕府上诉。反之，若是幕府下达了讨伐命令，即便讨伐对象是亲属也绝不可饶恕。"众徒和国民提出起请文②，宣誓遵守命令。(《寺院事条条闻书》)

起请文里面还有对兴福寺宣誓忠诚的条文，有的研究者认为，

---

① 多武峰寺为大和国的一大寺院，中世时为比叡山延历寺下属，坐拥大量庄园及武装力量，与兴福寺对抗。而作为延历寺势力范围的京都，却有一座兴福寺的下属寺院清水寺，与延历寺对抗。
② 向神佛起誓的文书。

"幕府对众徒和国民的处置也反映了兴福寺的愿望"。然而，要依靠幕府才能解决问题，正体现了兴福寺的衰微。如今的兴福寺，若无幕府为后盾，已无法阻止众徒和国民的肆意妄为了。幕府于十月又命令兴福寺学侣二十四人上京，让他们宣誓绝不追求私利私欲，专心修行佛道。幕府也看得很明白，正是学侣的腐败导致了众徒和国民的嚣张跋扈。

蠢蠢欲动的后南朝势力

幕府之所以会因大和的混乱而神经紧张，是因为这时候发生了后南朝问题。

明德三年（1392）闰十月，所谓的南北朝合一（明德和约）得以实现，南朝退出历史舞台。然而，侍奉南朝的武士们并未对幕府心服，时常拥立旧南朝的皇族叛乱。这样的南朝复兴运动，被学术界称为"后南朝"。

后南朝问题最初出现，是应永十七年（1410）的后龟山法皇外逃事件。此事件发生在南北朝合一时，我们由这一背景看看这一事件。

明德三年，后龟山同意南北朝合一，率领四十余名亲随离开大和国吉野，向北朝的后小松天皇交出三件神器。后龟山进入京都西郊的嵯峨大觉寺，以"南主""大觉寺殿"自称。生活虽然孤寂，后龟山却隐忍坚持了下来。南北朝合一时，将军足利义满开出了一个条件，即皇位恢复两统迭立[①]，也就是今后的天皇由旧南

[①] 持明院统（后来北朝一系）、大觉寺统（后来南朝一系）交替继承皇位。这种办法自镰仓时代后期开始持续数十年，在后醍醐天皇覆灭镰仓幕府后被打破。

朝、旧北朝双方交替继承。

南北朝合一的和谈原本就是足利义满无视北朝的独断之举，由旧南朝一方出任天皇这一约定根本就是不现实的。然而，由于不愿明目张胆地背弃和约，足利义满一直没有将后小松天皇之子立为皇太子。因而，后龟山对旧南朝一系的皇子被立为皇太子，在后小松天皇之后即位一事尚存一线希望。

但是，应永十五年足利义满去世，嫡子足利义持继将军位，成为幕府最高掌权者。足利义持并非明德和约的当事人，故而对后龟山不以为意。他意图让后小松天皇的长子躬仁即位。

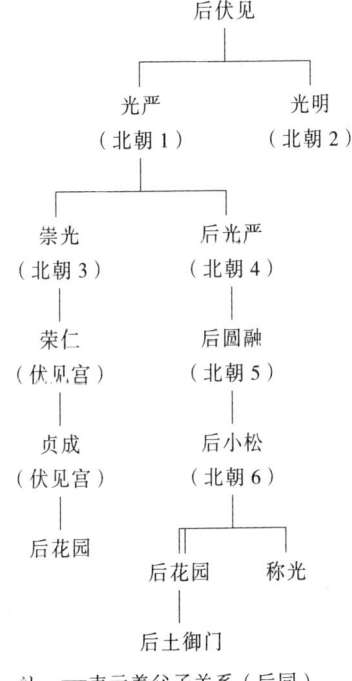

注：＝表示养父子关系（后同）

北朝天皇世系略图

后龟山了解到幕府并无向旧南朝移交皇位的意向之后，于应永十七年十一月逃出嵯峨，抵达吉野。尽管同时代的史料记载说，后龟山的外逃是因为生活困苦（《看闻日记》），但正如森茂晓所指出的，这是后龟山"对躬仁即位计划的抗议"。

然而，足利义持无视后龟山，毅然推进拥立躬仁的进程。应永十八年十一月二十五日，躬仁被立为亲王，当月二十八日元服[①]，

---

① 成人礼。相当于中国的冠礼。

次年八月二十九日践祚①（从上一任天皇手中接受三件神器）。称光天皇诞生了。因为称光天皇年仅十二岁，后小松上皇实施院政。也许有人会认为，反正也是后小松统率朝廷，让位毫无必要，但其实在中世，院政才是普遍的情况，天皇亲政反倒是例外。为了确立旧北朝一系对皇位的独占，让称光天皇践祚、让后小松实施院政是必不可少的。

刚刚开启新体制就面临国中之战的幕府，也一定看到了其背后吉野后龟山的影子。因此，幕府拼尽全力试图终结国中之战。大和的混乱平定之后，应永二十一年十二月十九日，称光天皇正式即位。

但是，应永二十二年二月，伊势的北畠满雅因不满称光即位而起兵。（《满济准后日记》）北畠满雅就是那位有名的南朝忠臣北畠亲房②的曾孙。伊势北畠氏是南朝势力的中心，南北朝合一之后北畠氏向幕府靠近，作为实际上的伊势守护活动。应永十年，足利义满参拜伊势神宫时途经平尾（今三重县松阪市大平尾町、町平尾町），参加了北畠氏为他举办的欢迎宴会。（《吉田家日次记》）北畠氏意在讨幕府的欢心，以让旧南朝一系皇子的即位得到幕府认可。应永十九年六月，北畠显泰（满雅之父）特地上京同幕府交涉。（《山科家礼记》）交涉内容于史料无载，鉴于后龟山外逃的状况，想必与皇位继承问题有关。

然而如前所述，北畠氏的努力白费功夫，称光天皇还是诞生了。这样，北畠满雅决意放弃合作路线，转而同幕府开战。（不过

---

① 践祚礼在即位之前举行，代表皇位顺利交接。践祚的主要仪式是神器的交接。
② 南朝名臣，著有《神皇正统记》。其子北畠显家为南朝军主要统帅之一。

根据《寺院事条条闻书》，起兵是因为领地的问题。）

应永二十二年四月中旬，幕府命京极持光、土岐持益、一色义范讨伐北畠。讨伐军从近江越过铃鹿岭进入伊势，遭到激烈抵抗，陷入苦战。另外，与伊势国境相接的大和国宇陀郡这边，北畠氏的影响力也很大，宇陀郡的泽和秋山两氏遂响应北畠起兵。于是幕府命令众徒、国民出兵宇陀郡，击退泽和秋山。(《寺院事条条闻书》)

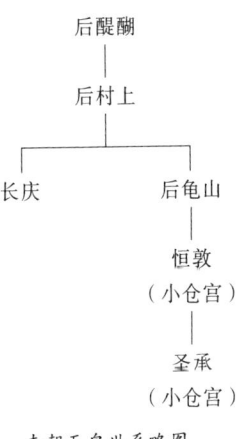

南朝天皇世系略图

同年六月十九日，眼看泽和秋山的活动渐渐平息，足利义持命畠山满庆经大和国宇陀郡进攻伊势。(《满济准后日记》)其兵力仅一百二三十骑，应该是寄希望于众徒、国民的兵力。不过当月二十四日，畠山、众徒、国民等幕府军在宇陀郡的石破一带（大概是现在奈良县宇陀市榛原赤埴吧）遭遇土一揆[①]袭击，军粮等物资尽被抢去。(《寺院事条条闻书》)即便如此，畠山仍攻向伊势，众徒、国民却半途折返。

七月，楠木某响应北畠氏起兵，侵入大和国宇智郡及河内国，放火烧民宅。据说大和国武士中有与楠木相通之人。(《寺院事条条闻书》)七月十九日，畠山满庆分兵一队，派往河内。当月二十四日，楠木某被斩杀。(《满济准后日记》)

根据伊藤裕伟的说法，在北畠这一边，幕府军最终未能攻下

---

① 农民、地方武士组成的集团，向庄园领主、守护大名及高利贷主发动的暴力反抗。

北畠氏的根据地多气城（位于现在的三重县津市美杉町上多气）。幕府军与北畠满雅签订停战协议，撤了回来。八月十八日，畠山满庆等人回京。（《满济准后日记》）

将军足利义持十月赦免了北畠满雅（《满济准后日记》），实际上是议和。次年，即应永二十三年九月，足利义持率领诸位大名去奈良，首次参拜兴福寺，之后向后龟山法皇承诺恢复他的领地，邀请他回归嵯峨大觉寺。（《看闻日记》）足利义持对后龟山法皇成为后南朝势力的旗号，再度出现北朝与南朝对立的状况十分戒备。后龟山判断，北畠满雅既然已降伏于幕府，就不必再做无谓的抵抗了，遂回到了京都。

在北畠满雅叛乱之际，兴福寺一直协助幕府，这是因为后南朝势力侵入大和，兴福寺也不可回避。此后，兴福寺在讨伐后南朝势力的问题上与幕府保持步调一致。

经觉的荣光与没落

顺风顺水的前半生

那么，现在总算到了介绍本书主人公之一经觉的时候了。应永二年（1395）十一月六日，关白左大臣九条经教之子经觉出生。应永十四年，经觉出家为僧，成为兄长、大乘院门主孝圆的弟子。

镰仓中期以后，九条家与一条家围绕大乘院门主之位而相争不断。建武二年（1335），一条家出身的大乘院圣信圆寂后，九条家的优势地位确立了下来。之后到孝圆为止，大乘院门主全部是九条家出身。因此，经觉出家伊始，就已经被许诺了将来的大乘院门主之位。

应永十七年三月二十六日，孝圆逝去，年仅三十三岁，经觉继承大乘院门迹。十一月十六日，举行了"院务始"这一就任仪式。

同时，经觉努力钻研作为僧侣所必需的修习。经觉于十五岁通过方广会竖义，十七岁法华会竖义，十八岁慈恩会竖义，十九岁维摩会研学竖义，然后是法会竖义，应永二十三年以仅仅二十二岁的年纪出任维摩会的讲师。

所谓竖义，其实就是对修学僧的口头考试，提问者根据佛教诸学问提出问题，竖义者（考生）作答，精义者判定成绩。然而，这时的竖义已经完全仪式化，试题和参考答案在考前就已知晓，竖义者好好准备，认真练习，就是这么一回事。

本来，维摩会竖义若不积攒无数法会的经验，就没有参考资格，经觉年仅十九岁就合格了，并非因为他是个天才学问僧，完全是拜他的尊贵出身所赐。事实上，经觉做大乘院门主之时的一乘院门主——鹰司家出身的昭圆，也是年仅二十岁就担任了维摩会的讲师。对经觉和昭圆这样的"贵种"而言，各种竖义无非是就任兴福寺别当之前必须履行的一道程序罢了。

应永三十三年，兴福寺与东大寺之间爆发武力冲突。幕府罢免二寺别当，"喧哗两成败"（各打五十大板）。（《满济准后日记》《萨戒记》）于是，经觉得以在三十二岁时就任兴福寺别当。

选定接班人

如前所述，此前数代大乘院门主都由九条家出身的人继承。

当然，经觉也打算让九条家的人做自己的接班人。

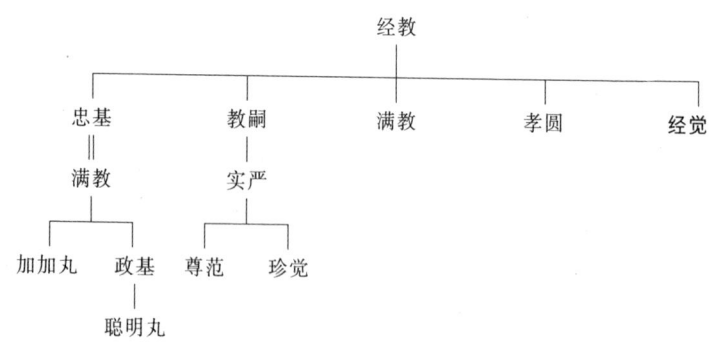

九条家世系略图

然而，经觉的长兄九条忠基无嗣而亡，九条忠基的养子、继承九条家的三哥九条满教也只有加加丸这一个儿子而已。这时加加丸是九条家的嗣子，是不可能让他出家去大乘院的。

继续等待九条满教再生个儿子，也是一个办法，但大乘院的惯例是门主三十岁前后选定继任者，不好就这么拖延下去。

于是经觉注意到了二哥九条教嗣（已故）的孙子。这个小孩子的父亲实严是禅僧[1]，母亲是比丘尼，父母都是出家僧尼，如此不合先例的继任者令大乘院、一乘院门徒很为难。本章第一节提到，大乘院、一乘院的门主由摄关家出身者担任，但严格来说，摄关家子弟也并非谁都可以，若非就任过藤氏长者的人的子嗣，是没有资格的。

但在应永三十二年（1425），经觉将这个小孩子从加贺国找来，让他做了前关白九条满教（曾任藤氏长者）的犹子（无继承

---

[1] 兴福寺为法相宗，与禅宗是不同宗派。

权、名义上的养子），如此满足了条件，也就获得了幕府的首肯。（《大乘院日记目录》）幕府对兴福寺内部的事情并不了解，未经专门研究，就接受了经觉的请求。三年后的正长元年（1428，应永三十五年四月二十七日改元），这位十一岁的少年进入大乘院，取法名尊范。

尝到甜头的经觉又在正长二年让尊范的弟弟做九条满教的犹子，获得将军足利义教的同意之后，送他到东大寺东南院。九岁的少年出家后取法名珍觉。醍醐寺座主满济对这种本来算不上"贵种"的人通过犹子这一"暗招"进入门迹的事情加以批判。（《满济准后日记》）满济还是足利义教的政治顾问，因而他也对义教表达了自己的意见。不过话虽如此，这位满济自己就是以足利义满犹子的身份进入醍醐寺三宝院门迹的。

无论如何，经觉利用自己与幕府的良好关系，试图实现对兴福寺，乃至对大和的控制。不过，大和的局势风云突变，前路上还有重重苦难在等待着经觉。

宇陀"郡内一揆"暴动

让我们稍微把时间倒回。应永三十五年（1428）正月，足利义持去世。由于足利义持的子嗣足利义量已经病死，足利义持已出家为僧的四个弟弟有资格成为将军候选人。通过抽签，青莲院义圆[①]成为继承人。青莲院义圆接到管领[②]畠山满家等大名提出的让他就任将军的邀请，一开始是拒绝的，最终还是同意了。同年

[①] 义圆曾为门迹寺院青莲院的门主，也曾担任天台宗的长官天台座主。
[②] 辅佐将军的室町幕府重臣，只有斯波、畠山、细川三家有资格担任。

三月，义圆还俗，改名足利义宣（后又改名义教），被朝廷任以从五位下、左马头之职。

这时，称光天皇已经命不久矣。而且，称光天皇无嗣。可以说南朝后人继承皇位的机会来了。然而幕府决定让北朝崇光流伏见宫贞成亲王之子彦仁王继任天皇，绝不给南朝后人任何机会。毫无疑问，后南朝势力非常愤怒。

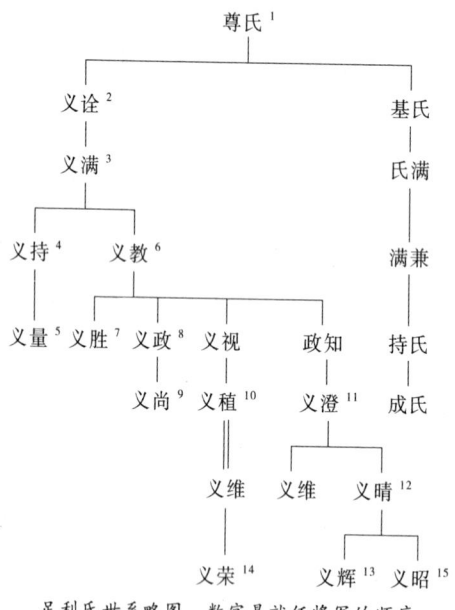

足利氏世系略图。数字是就任将军的顺序

七月七日，后龟山院之孙小仓宫在嵯峨躲藏了起来。幕府不遗余力搜查之后，得知其身处伊势北畠满雅处。（《满济准后日记》）幕府遂抓紧时间，准备拥立新帝。七月二十日，称光天皇逝去，幕府秘不发丧，暗自准备交接仪式，于二十八日让彦仁王践祚。这就是后花园天皇。

八月，北畠满雅拥小仓宫起兵，当时传言说，叛乱的幕后指使是觊觎将军大位的镰仓公方①足利持氏，幕府大为震撼。(《萨戒记》)此外，本次宇陀郡的泽氏、秋山氏也响应北畠满雅起兵。对于经觉而言，这是第一个考验。

问题远不止如此。正长元年（1428）七月，以山门（比叡山延历寺）与北野社的对立为导火线，八月近江、九月京都郊外接连爆发土一揆，十一月波及伊贺国、伊势国、宇陀郡、吉野郡、纪伊国、和泉国、河内国等畿内近国全地。(《春日若宫社头日记》)这就是被寻尊评价为"日本建国以来百姓暴动头一次"(《大乘院日记目录》)的正长土一揆。

奈良也不可能幸免。山城方面的土一揆迫近奈良，筒井等众徒出兵防卫，不料南面宇陀方向的土一揆军又攻打过来。(《东大寺转害会施行日记》)状况不利之下，兴福寺发布德政令，试图平息土一揆，然而郡内土一揆的活动并未停止。宇陀郡的土一揆应该并非民众自发的暴动，而是宇陀郡的实力武士泽氏、秋山氏煽动所致。泽、秋山与宇陀郡土一揆的联盟军当时被叫作"郡内一揆"。(《三个院家抄》)十二月，北畠满雅在与幕府一方伊势守护上岐持赖的战斗中战死。(《师乡记》《大乘院日记目录》《椿叶记》)但泽与秋山的反抗仍在持续。

经觉虽决意讨伐泽与秋山，却必须得到幕府的支援。次年，即正长二年正月十日，经觉上京，给三宝院满济拜年。(《满济准后日记》)不过，手持一千匹②（十贯文钱，相当于现在的一百万

---

① 室町时代，在镰仓府管理关东八国及伊豆、甲斐等地的官职，由足利氏分家世袭。
② "匹"本为布匹单位，在铜钱成为主流之后被当作钱币单位来使用。

日元①）钱财去访问，应该不是简单的社交，而是想请他在宇陀郡问题上帮忙吧。

经觉回到奈良之后，也立马向满济传达了大和的局势，请求他的帮助。根据二十六日送抵满济处的书信，大乘院一方的武士已出兵去迎击泽与秋山，一乘院和多武峰寺却毫无动静。晦日的时候，经觉更是连着两次报告了宇陀郡的战况（昨日合战和今日合战的战果），请求幕府向奈良派出使节。此外，即便在那个时代，奈良去京都也只需半天时间。

二月一日，经觉的使者又来拜访醍醐寺。满济与这位使者一同谒见足利义宣，向其传达了经觉的五条请求。第一条：

> 大乘院的坊人（众徒、国民）虽已开向宇陀郡，但实在势单力薄，兵力不过四五百人。这样下去，讨伐很难成功。请早日派遣使节两人，向一乘院坊人为首的大和国武士下达出兵命令。

这就是经觉的请求。（《满济准后日记》）经觉这时已将兴福寺别当之位让与一乘院昭圆，此刻令不出大乘院。因此，经觉试图以幕府的权威为后盾，推进对泽与秋山的讨伐。

二月二日，幕府两使节赴大和，一乘院与多武峰寺也出兵了。二月四日，大乘院一方的武士在长谷寺周边激战，斩杀人称"宇多（宇陀）土一揆大将"的"榛原刀祢兄弟"（顺便说一句，近畿

---

① 一百万日元约合六万人民币。

日本铁道大阪线长谷寺站的下一站就是榛原站)。此后长谷寺周边攻防拉锯战不断,在众徒和国民的奋战之下,敌军被击退,进入宇陀郡的道路被控制。但是一乘院坊人的士气低落,经觉在给满济的书信里发了不少牢骚。(《满济准后日记纸背文书》)

二月十一日经觉上京,十三日谒见足利义宣,足利义宣对其在泽和秋山讨伐战中的贡献表示感谢。接受义宣认可的经觉就进攻宇陀郡的问题与学侣、六方众商议,得到了他们的同意。(《满济准后日记》)

二月十三日,众徒与国民攻入宇陀郡,泽和秋山未放一箭就烧毁城池逃走了。然而宇陀郡中尚有支持泽和秋山的民众。他们是构成宇陀郡土一揆的主体,要阻止泽和秋山的势力回归宇陀郡,就必须切断民众与泽、秋山的联系。

当月二十七日,经觉上京,就瓦解"郡内一揆"的作战与满济商量。也就是说,因为宇陀郡的民众是通过与国中(奈良盆地)的往来获得生活所需的,可以将各道路封锁,断绝民众的粮食,命令他们停止协助泽与秋山。这个作战计划是否实施了,很难下定论,总之泽与秋山的活动停止了。"郡内一揆"事实上瓦解了。

对伊势残余叛军的讨伐也进行得很顺利。足利义宣安下心来,十二月九日元服。当月十五日,足利义宣被任命为参议左中将,并就任征夷大将军,改名足利义教。此后,三月里各种仪式一个接一个(二十九日叙任从三位,转任权大纳言),京都一片庆祝氛围。一乘院昭圆和大乘院经觉也拜谒足利义教,献上贺词。这段时间可以说是幕府与兴福寺的蜜月期。

将军足利义教的方针转换

泽与秋山的没落，使大和国看起来走向了和平，然而大和武士的纷争并未就此结束。经觉的基本方针是依靠幕府的权威平息纷争，但是他并不期望幕府军进驻。他国武士进驻大和，可能导致纷争扩大，而且可能使兴福寺的威信降低。在这一点上，兴福寺别当一乘院昭圆与他意见一致。

大和境内，箸尾与片冈起了争端。冲突双方都是一乘院一方的国民，但箸尾一面侍奉一乘院，一面又臣属于管领，即河内守护畠山满家。畠山满家将河内军派往大和，攻击片冈的城池。筒井、越智等兴福寺众徒和国民出兵救援片冈，将河内军击退，畠山满家的一位家臣于此战战死。畠山满家大怒，伺机复仇。

正长二年（1429）三月六日，六方众成身院光宣作为一乘院昭圆的使者就此事上京，向三宝院满济禀报详情。光宣是官符众徒筒井觉顺（顺觉之孙）的伯父。

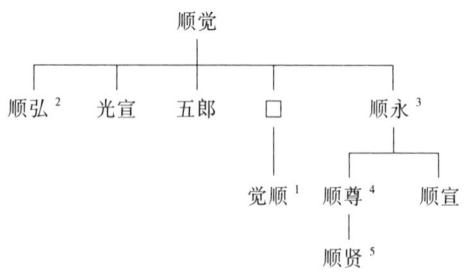

筒井氏世系略图。数字是就任总领的顺序

光宣请求说："畠山军若再攻，大和必乱，箸尾与片冈相争，依照将军的停战命令，二者都撤了兵。到这时候，为什么畠山还要武力介入呢？恳请阻止畠山的行为。"满济表示"会向畠山转

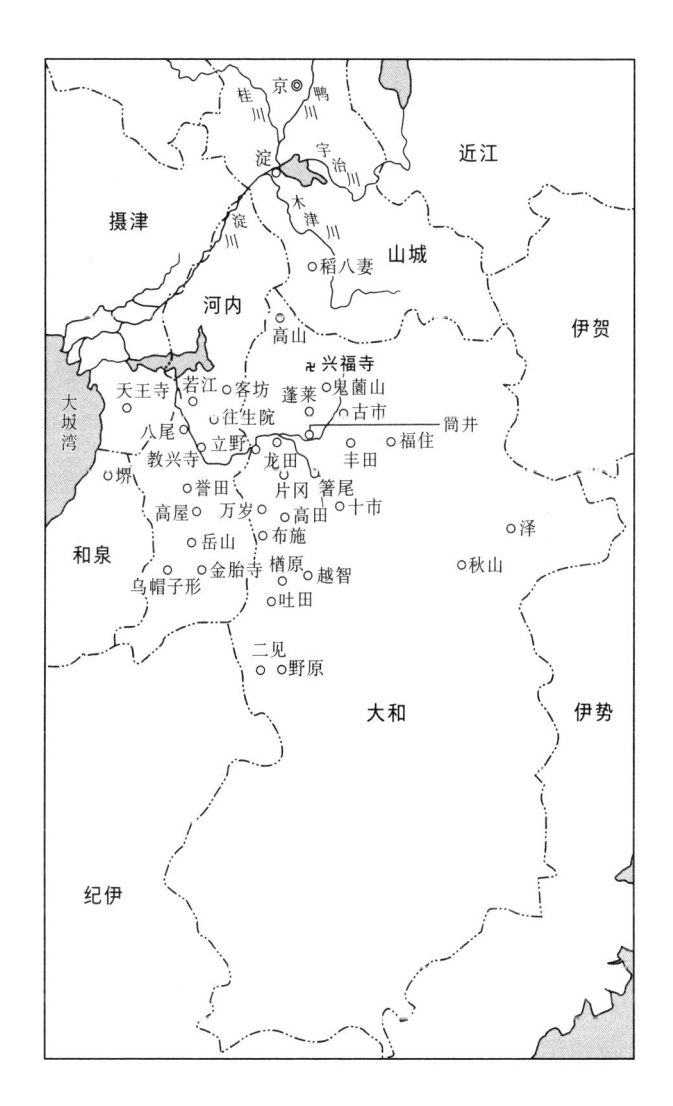

达"。(《满济准后日记》)

那么，幕府是如何看待大和的局势的？六月，大和国民吐田与楢原相争，幕府就此事的对策进行了讨论，有的大名说："吐田与楢原两边都是臣属管领的势力,让管领出面命令他们停战不就好了吗?"大名之中,与大和国有切身利益的唯有担任河内守护的畠山满家一人而已,因而有的大名不愿意卷入麻烦。笔者在之前所著的《日本中世战争史》一书中有所讨论,总而言之,诸位大名对与自己利益无关的远征态度是消极的。

然而,畠山满家却强硬表示:"他们不遵自己的号令,还请将军亲自派遣使者。"诸位大名也接受了他的意见。(《满济准后日记》《建内记》)

七月,又发生了同样的问题。大乘院众徒丰田中坊与一乘院众徒井户之间爆发战斗(大和永享之乱)。事情的起因是井户杀害了一名叫顿称坊的僧侣,顿称坊的亲戚丰田中坊为报仇而向井户发起攻击。

当月三日,一乘院昭圆通过南都传奏(兴福寺等奈良寺院与幕府之间的协调职务)万里小路时房,向幕府请求下达停战文书。但是,足利义教在听了时房的转述之后说:"下发停战文书就不必了。把大乘院与一乘院的杂掌(驻京都代表)叫来,口头传达幕府的意思即可。"足利义教判断,门主需负监督责任,可令大乘院去制止丰田中坊,一乘院去制止井户。

当月十一日,大乘院经觉向万里小路时房派遣使者。"我已向丰田中坊和井户传达了幕府的停战意向,他们拒不听从,请求幕府下发停战文书。"时房在与满济商量之后,奔赴将军御所,向足利义教传达了经觉的请求。

足利义教问时房:"有必要准允经觉的请求吗?"足利义教之所以答复得不爽快,是因为担心如果下达了停战命令仍遭对方无视，势必有损自己的权威。如今诸位大名对出兵持消极态度，幕府能做的就只有"口头介入"而已，并没有多少实效。既然如此，倒不如对大和的混乱局势放着不管为好。这就是十分在乎世人评价的足利义教式的想法。

对此，万里小路时房回答："会有人违背将军的命令吗？即便对方不接受命令，只要反复下达命令就好了。"即便只是效果微弱的"口头介入"，将军发出的和平讯息也是有意义的。这是时房的考虑。足利义教听取了时房的建言，向大乘院与一乘院下发了内容为"命令门徒停止战斗，若有意见可向幕府陈述"的文书。

大乘院、一乘院将幕府的文书传达给丰田中坊和井户，但二者并不遵从。相反，筒井、十市等支援井户，箸尾增援丰田中坊，纷争越发扩大化。二十八日，两门主再次通过万里小路时房请求幕府支援。一乘院昭圆乞求"请务必再度下达停战命令"。大乘院经觉则说："仅仅是再下达一次停战命令于解决问题无益，请幕府派遣使节。"时房持二人书信赶赴将军御所。

然而足利义教反应迟钝。他说："大和的争端完全看不出会结束的样子，既然制止也无益，不如弃之不顾。"足利义教对派遣使者犹疑不决，不用说是因为担心若派遣使者事态仍无法收拾，将有损自己的面子，同时也因为幕府内对大和予以放任的言论有着很大影响。但是时房仍不妥协："若争端扩大，再想制止就来不及了。现在应当立即派遣使者。"纵然是"口头介入"，只要幕府继续介入大和的争端，大和国内幕府的存在感就会越来越高。时房的战略是非常清晰的。

足利义教说"去和管领畠山满家商量"，时房就立即去谒见畠山满家。满家与时房意见一致。"大和争端断不可放任不管,派遣使者是个好办法,需要讨论的是何人可担当此任。今后幕府也应当为制止大和的纷争而尽力。"时房向足利义教报告了畠山满家的意见,足利义教遂决定派遣使者。(《建内记》)

八月,幕府使者饭尾和长泽两人前往奈良,命令井户与丰田停战。井户答应停战,丰田虽回复说"一定停战"却并未撤兵。这是因为丰田一方处于优势。丢了面子的足利义教大为激愤,说要讨伐丰田,但因为预定在九月举行的足利义教春日社参拜不可延期,讨伐军的派遣就推迟了。

永享元年(1429,正长二年九月五日改元)九月下旬,足利义教拜访奈良,参拜春日社,并巡礼兴福寺和东大寺等。足利义教滞留奈良期间,丰田果然抑制住了军事行动,但筒井报告说:"将军一旦回京,丰田接受越智、箸尾支援,意图再开战端。"将军更加愤怒。

十一月二十一日,足利义教向越智通报"擅自发起军事行动者严惩"。越智虽答复"遵命",却只是敷衍了事。越智、箸尾、万岁、泽、秋山等,以支援丰田为旗号出兵,进攻筒井乡和十市乡。筒井惨败,辖地内数处据点被焚毁,仅存主城而已。

当月二十四日,足利义教宣告:"为讨伐违背我命令的国民,特派遣细川持之(细川胜元之父)与赤松满祐发兵大和。"他同样命畠山满家出兵。畠山满家劝足利义教说:"先派遣游佐国盛(满家的重臣)去令他们停战如何?"

因游佐的努力,停战得以实现。但对于属地遭到越智和箸尾践踏的筒井和十市而言,对越智和箸尾没有任何处罚就完事了,

他们决不能同意。然而,因为畠山等大名都对武力介入持否定态度,幕府军的派遣最终未能实现。(《满济准后日记》)

正如樱井英治所指出的,足利义教对"声誉"极度重视。因此,他一开始担心贸然插手大和的复杂局势会招致失败,倾向于弃之不顾。不过,一旦他介入,就绝对不能容忍他人违背命令,瞬间就变得态度强硬起来。周围人认为应当以"口头介入"收拾局势,足利义教却不顾周围反对,决心以武力介入。悲剧就这样开始了。

成身院光宣的暗中活动

永享二年(1430)二月,将军足利义教仍执着于向大和派兵之事,结果却未能成行。而畠山满家让越智和箸尾起誓不再私斗。(《满济准后日记》)此外,幕府又命大乘院经觉、一乘院昭圆和兴福寺学侣击退丰田中坊。二月十六日,众徒、国民组成的讨伐军出击,将丰田中坊的宅邸烧毁。(《建内记》)可以说,幕府回归到避免直接军事介入、仅做兴福寺的后援这一原本的方针上去。

当年四月到六月,幕府与北畠氏进行了和谈,赦免了北畠、泽和秋山。(《满济准后日记》)作为北畠免罪的条件,小仓宫被交与幕府手中。和谈的中心人物是三宝院满济和赤松满祐。

永享三年三月,对幕府持反抗态度的镰仓公方足利持氏向京都派遣谢罪使节。足利义教起初拒绝与其会面,在畠山满家等大名的谏言之下,足利义教七月与之会面,接受了足利持氏的谢罪。

如前所述，从正长元年（1428）足利义持去世到永享元年之间，各地军情紧张，好在畠山满家与满济推行的稳健路线收到了成效。永享三年年中，幕府终于恢复了稳定。

然而，永享三年八月二十四日，筒井火攻箸尾城。箸尾为报复筒井，率大军攻陷筒井方的蓬莱城，进而开向筒井城。二十七日，满济收到经觉的报告大为愤怒："好不容易大和局势才安定下来，筒井肆意妄为，再起混乱，实在是岂有此理。"（《满济准后日记》）

当月晦日，满济前往将军御所，向将军报告了大和爆发战事的消息。足利义教说："筒井的所为实在不像话，但现在就抛弃幕府一直以来援助的势力，也断乎不可。可令畠山满家、细川持之、山名时熙、一色义贯（本名一色义范，因名字读音与义教相同，为避将军讳改名）、赤松满祐五位大名出兵。"

但是，之前畠山曾反对用兵，这令足利义教心存芥蒂。足利义教通过满济咨询了畠山、细川和山名的意见。果然，三人表示："如今室町殿（将军御所）①的建筑工事等要事繁忙，现在出兵不现实。只讨伐箸尾一人，任何时候都可以。不如将出兵延期到明年春天更好。"足利义教遂命令："大和远征延期。明年春天令畠山一人出兵讨伐箸尾。"然而此后畠山做箸尾的工作，迫使其撤军，箸尾讨伐也就中止了。（《满济准后日记》）

永享四年九月二十四日，越智、箸尾再度攻击筒井，筒井遁入筒井城。这时候足利义教正在游览富士山，不在京都，他们正

---

① 在日本中世，一般习惯于以住所来称呼人。现在"室町殿"也被学术界用作对室町幕府实际掌权者的称呼。

是看准了时机挑起事端。(《看闻日记》)二十九日,回到京都的足利义教通过满济询问畠山对解决越智和箸尾问题的意见。足利义教怀疑畠山满家违背自己的意旨,袒护越智和箸尾。

十月四日,畠山满家为消除误解,向将军辩解说:"自永享二年我传达了将军您的禁止私斗命令以来,箸尾就老实了。筒井去年攻击箸尾有错在先,箸尾无罪。"

足利义教却不让步:"箸尾不是没有来问候吗?听说去年派遣使节夫的时候,他们也甚是无礼。越智也是同罪。我想命大名二三人出兵。"话虽如此,足利义教并未下定决心,称:"若派遣游佐,或可调停成功。"然而在筒井觉顺上京拼命乞求之后,足利义教的态度终于向讨伐越智和箸尾倾斜。知道足利义教决心已定,畠山满家不再抗辩。(《满济准后日记》)

接下来的问题是派何人出兵。起初的计划是派山名时熙去,但山名时熙忙于解决大内氏的内部纠纷,分身乏术。之后又决定派遣赤松满祐,满祐所担负的侍所之责(京都的警卫)也交接给了一色义贯,但是满祐自己不愿上阵,于是让满祐的弟弟义雅出兵。

一直与大和问题有关的畠山氏也要出兵,但足利义教任命畠山满家的嫡子畠山持国为大将,而不是满家本人。满家请求"请让我亲自上阵",却未被允许。(《满济准后日记》)足利义教认为,畠山满家对出兵态度消极,若把大和派兵的重任交给他,恐怕难有进展。

事态朝着大乘院经觉和一乘院昭圆等兴福寺上层并不期望的方向发展。当年十一月七日,经觉上京,与满济夜谈。经觉说:

"当下大和正是收获的季节,幕府军若是进入大和,引起战事,必致田园荒芜,田租①(年贡)的征收恐怕就难了。再者,听说幕府派兵的消息,越智、箸尾等打算向幕府投降。这样还有出兵讨伐的必要吗?"

满济也反对出兵,向足利义教进谏,却招致了他的不快。(《满济准后日记》)十一月二十七日,畠山持国与赤松义雅两位大将发兵大和。畠山军一千三百骑,赤松军八百骑,杂兵两千人。(《看闻日记》)

据寻尊的说法,让足利义教做出派兵决断的是成身院光宣的陈述。(《大乘院日记目录》)这时的光宣已经跳出兴福寺六方众的立场,以俗家筒井氏的利益为先来活动。此后光宣与经觉对立,争执的种子可以说就是在这时播下的。

当月晦日,越智与箸尾一战未交,焚城逃走。次月,即十二月三日,畠山持国向京都报告了胜利的消息,足利义教却严令他"将敌人从躲藏的地方搜出来消灭他们"。但越智和箸尾一直不见踪迹,十二月十九日,幕府与筒井联军开始撤兵,撤兵途中遭到土一揆的袭击,赤松义雅奋战后将其击退,不过损失惨重。(《看闻日记》《满济准后日记》)土一揆毫无疑问是被越智和箸尾煽动起来的。畠山与赤松判断依现有兵力无法扫尽敌军,遂于二十三日撤回京都。

幕府军的这次远征虽然缺乏看得见的战果,对越智和箸尾的

---

① 日本中世的租税概念与中国完全不同。本书中译为"田租"的地方,原文都作"年贡"。年贡指耕作田地的农民向领主交纳的出产的一部分。日本中世社会是以庄园制为基础,统治阶级掌握的财富主要来自庄园的年贡收入。

威吓作用却是很大的。次年，即永享五年，大和保持着安定的状态。然而，不愿接受教训的筒井又惹麻烦了。

永享六年八月，筒井觉顺的家臣片冈逃往越智维通处。（《看闻日记》）愤怒的筒井觉顺于十四日率领武士一千二三百人与野伏（轻装农民兵）三四千人讨伐越智。越智的兵力仅有八百，但越智竟然动员了野伏两万人，将筒井诱至险要处，将其围外。筒井一方，大将筒井觉顺及觉顺的伯父五郎战死，遭受了毁灭性的打击。满济在得到经觉的急报之后知道了事情的原委，对筒井的轻举妄动大为吃惊："前年幕府派了援军都没能击败越智，仅凭筒井的力量如何能够取胜？"（《满济准后日记》）

另一方面，大胜之后志得意满的越智维通命令同盟的众徒、国民丰田、福智堂和小泉维持奈良的治安。（《大乘院日记目录》）这是兴福寺的权限所在，越智的行为可以说是越权的举动。这样的状况已经超越了众徒和国民间"私斗"的范畴，朝越智等对兴福寺、幕府叛乱的方向发展。

对于越智一派的专横，筒井一方并未坐以待毙。永享七年四月，成身院光宣的兄长、西大寺的僧侣上京，被幕府承认为筒井氏的总领①。（《大乘院日记目录》）他就是筒井顺弘。策划了这出拥立剧的应该是光宣。重建之后，筒井氏转入反击。

当年九月，足利义教接受光宣的请求，任命畠山持国为主帅，派大军前往大和。（《看闻日记》《大乘院日记目录》）畠山满家与三宝院满济都已辞世，能够掣肘足利义教的人已经没有了。幕府

---

① 继承人、武士团统辖者。

军驱逐越智和箸尾势力,十二月留下一部分兵力之后胜利回京。

但是在十二月二十九日,残留的幕府军遭到越智等的夜袭。足利义教大怒,翻过年之后让之前曾参战的大名一色义贯和武田信荣也加入战场,再度讨伐越智。(《大乘院日记目录》)永享九年,足利义教再次增兵,幕府倾尽全力讨伐越智和箸尾。

经觉失势

由于幕府真正地派兵介入,兴福寺从大和永享之乱的当事人沦落为旁观者。经觉痛苦地注视着战火日益扩大的局面。

永享三年(1431)八月,经觉得到足利义教的认可再任兴福寺别当,并升任大僧正[1],但他在永享五年及六年向将军请辞兴福寺别当。大概是因为战乱激化,兴福寺别当的职务成了沉重的负担吧。但是足利义教当时慰留了他,永享七年才总算同意了他的辞职。(《兴福寺三纲补任》)

然而,继任兴福寺别当的松洞院兼昭却在永享八年八月惹怒了足利义教而遭到解职,当年十月,他连大安寺别当的地位也失去了。松洞院兼昭于十一月三日亡故。世间传言说他是饿死的,又有说是自杀的。(《经觉私要钞》《大乘院日记目录》)无论如何,他是不得志而死,这一点是确定无疑的。

松洞院兼昭之死在经觉心中留下了阴影。此后经觉表面上与足利义教维持良好的关系,但效果不彰。

永享九年十月,后花园天皇访问将军御所,受到了足利义教

---

[1] 僧官的最高级。僧官有僧正、僧都、律师三级。另有僧位:法印、法眼、法桥。此时无论僧位还是僧官都已成为名誉职位。

的款待。二十二日和二十三日有舞乐。足利义教遵循先例，向摄关家和诸门迹征收给舞者谢金所需的经费。他命令大乘院经觉与一乘院教玄各出钱五千匹（五十贯文钱）。教玄向奈良市内一乘院管辖区域的居民征收地口钱（依土地面积征收的税金），凑够了钱，经觉却拒绝支付。

这让足利义教心情极坏。次年，即永享十年四月，经觉上京，足利义教拒绝与之会面。代替足利义教出面的武家传奏中山定亲质问他说："为什么不交钱？"经觉反驳说："迄今为止，我为天下如何尽心竭力，你可知否？我已承受不了更大的负担了。"（《大乘院日记目录》）毫无疑问，足利义教大怒。

紧接着，大乘院门徒向幕府起诉经觉和尊范师徒的恶行。的确，尊范进入大乘院之时，经觉强硬的做法招来了大乘院内的批评，但经觉基本算得上公正的门主。永享六年，一乘院昭圆惹足利义教不快而失势时，一乘院门徒也向幕府起诉昭圆的不法行为（《满济准后日记》），就此看来，这样的诉讼恐怕并非自发，而是斟酌足利义教的意思之后提出的吧。换句话说，废掉不讨将军喜欢的门主，以此确保门迹的安全，这就是一种"主君放逐"。

八月三日，幕府的命令送抵大乘院。幕府受理了大乘院门徒的申请，驱逐经觉和尊范。（《大乘院寺社杂事记》）当月七日，经觉离开兴福寺，进入大安寺内的己心寺，却因为足利义教命令他"不可以在奈良近郊隐居"，又于十二日搬到平群郡立野（今奈良县生驹郡三乡町立野）的宝寿寺。（《后五大院殿御传》）其随从仅二人，甚为凄凉。（《大乘院日记目录》）尊范也经京都回到原住地加贺，改名寻实。（《大乘院日记目录》）

幕府对选新门主的事很着急。起初考虑以鹰司家的子嗣为候补，无奈他年纪太小，遂又选中了一条兼良九岁的儿子。当月二十八日，大乘院门徒上京，就新门主人选一事向足利义教致谢。(《后五大院殿御传》)

十二月八日，九岁的男孩进入大乘院；两年后，永享十二年十一月，以十一岁之龄出家。(《大乘院寺社杂事记》)这就是本书另一位主人公寻尊。寻尊在永享十三年二月开始实行院务，九条家对大乘院的影响至此一扫而空。

到了四十岁的后半程，经觉的人生开始急转直下。但他却以一种意想不到的方式获得了东山再起的机会，这就是嘉吉之变。

第二章

通往应仁之乱之路

战斗的经觉

嘉吉之变

前一章讲到，与大和永享之乱关系最密切的大名就是邻国河内的守护畠山氏。现在这位畠山持国下台了。

嘉吉元年（1441）正月，幕府讨伐关东结城氏朝等叛军（结城之战）。幕府军于前一年七月二十九日起包围了下总结城城（现在茨城县结城市内），却未能找到任何破绽。恼怒的将军足利义教命畠山持国出兵关东，持国却闪烁其词，令将军不快。畠山氏的家臣团对事态深表忧虑，遂请求足利义教罢免持国。足利义教接受了他们的请求，废除了畠山持国的畠山氏家督之位，立他的异母弟持永为家督。持国于是离开京都的宅邸，潜入河内。（《看闻日记》《建内记》）持国的失势原因与经觉完全一样，这确实颇有意思。

嘉吉元年四月十六日，结城城终于陷落。五月四日，结城氏朝等贼寇的首级运抵京都，接受了检查。此后，公家与武家的实权者争相宴请将军，庆祝大捷。六月二十四日，赤松教康把将军请到了自己的宅邸，但这其实是赤松满祐与教康父子的计策。赤松满祐等在自家宅邸内暗杀了将军足利义教，逃回自己控制的播磨国。

二十五日，管领细川持之召集诸位大名，协商善后之策。（《建内记》）会议参加者不明，但山名持丰（日后的山名宗全）、畠山持永、一色教亲和赤松贞村应该参加了。首先，他们决定将足利义教的嫡子千也茶丸立为将军继承人（日后的足利义胜）。不过千也茶丸年仅八岁，政务由管领细川持之代行。

接着各大名决定赦免之前被足利义教驱逐或者受处罚的人（《看闻日记》），但最大争议点是对畠山持国的赦免。持国虽说失势，但在河内仍保持着潜在势力，若置之不理，幕府军西去播磨（讨伐赤松），京都就有危险了。然而畠山持国恢复原有的地位，对于会议参加者畠山持永就不利了。这确实是个挺难处理的问题。

赦免持国之后如何对待他，根据现存的史料并不完全清楚。但是，还没有做到把跟前的持永废掉，重新让持国做家督这一步。

事实上，持国与持永的父亲畠山满家也曾惹足利义满不高兴，受到过禁闭处分。因此，畠山基国去世后，嫡子畠山满家未能继承家督，而是由畠山满庆来继承。但在应永十五年（1408）足利义满逝去后，满庆向满家退位让贤，此后满庆作为满家的左膀

赤松氏世系略图。数字是就任总领的顺序

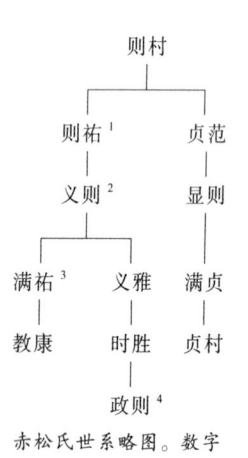

```
        则村
         │
    ┌────┴────┐
   则祐[1]    贞范
    │         │
   义则[2]   显则
    │
 ┌──┼──┐
满祐[3] 义雅 满贞
 │    │    │
教康  时胜 贞村
      │
     政则[4]
```

右臂十分活跃。或许大家也期待着持国与持永兄弟能像昔日的满家与满庆兄弟一样实现和解吧。

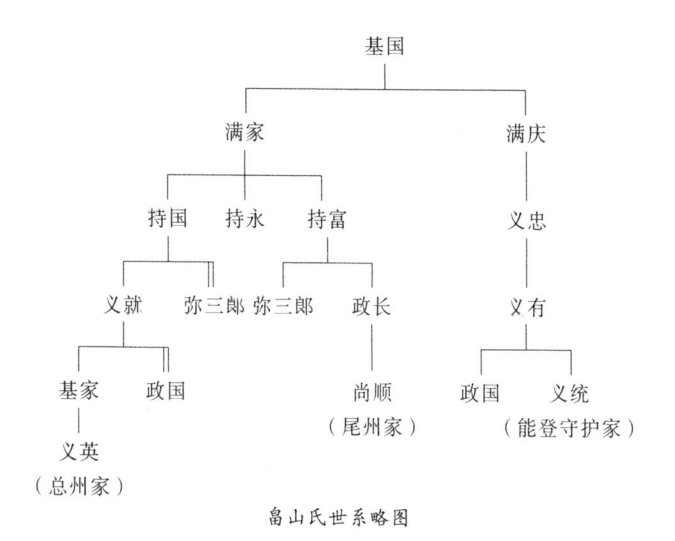

```
                        基国
              ┌──────────┴──────────┐
             满家                   满庆
      ┌──────┼──────┐               │
     持国   持永   持富              义忠
      │      │      │               │
     义就  弥三郎 弥三郎 政长         义有
      │                              ┌──┴──┐
   ┌──┴──┐                          政国  义统
  基家  政国                                
   │                    尚顺              （能登守护家）
  义英                 （尾州家）
 （总州家）
```

畠山氏世系略图

然而，一手策划将持国赶下台的持永之母，以及畠山氏家臣游佐勘解由左卫门尉和斋藤因幡入道，向河内持国之处派出刺客。暗杀以失败告终，愤怒的畠山持国率军上京，摆开阵势。

细川持之大吃一惊，派遣使者去询问持国的意图。持国回答说"断无反对幕府之心，亦无杀害兄弟之意"，唯求游佐勘解由左卫门尉和斋藤因幡入道二人切腹谢罪。畠山持永的家臣大半加入了河内持国的阵营，进退维谷的游佐和斋藤于嘉吉元年七月四日携带持永逃出京都。跟随者仅有五十骑而已。（《建内记》）就这样，畠山持国恢复家督之位，大局已定。

当月十四日，越智维通的遗子春童丸（后来的越智家荣）暴动了。依据幕府的命令，越智氏的家督由同族楢原氏继承，春童

丸撕破这一决议，夺取家督之位。这一行动是与畠山持国合谋的结果。(《大乘院日记目录》)

亲眼见到被足利义教处罚的人纷纷复出，经觉也活动起来。十月二日，经觉从幽禁地宝寿寺出发上京，请求再任大乘院门主。幕府虽然允准他移住奈良近郊的己心寺，但拒绝让他重新担任门主。(《大乘院日记目录》)

当月八日，经觉以"隐居"的身份移住己心寺，但他并不满足。十一月十五日，经觉率领越智以下国民开进禅定院（平家火烧南都①之后，大乘院门主以禅定院为居住地），强行夺回门主之位。

对此事，万里小路时房批判道："如果经觉向幕府申请'把年少的寻尊当自己的弟子一样养育'，问题本可以圆满解决。现在依靠武力，颠覆幕府的决定，看来是智者千虑，必有一失。"(《建内记》)然而，这只是不知情的评论家的意见罢了。正因为经觉清楚，依靠一般的手段无法拿回门主之位，所以才动用武力。

可是，武力也会带来副作用。经觉并没有自己固有的军事力量，于是借助了同被足利义教迫害的越智的力量。失势之前的经觉在众徒和国民相争时，不曾格外关照任何一方特定势力，从不曾跳出调停者的立场。但是，此番利用越智一派的军事力量，就等于打上了亲越智、反筒井的旗帜。经觉闯入纷争的旋涡中，大和的政治局势自此进入了全新的阶段。

---

① 治承·寿永内乱（俗称"源平合战"）期间，平清盛之子平重衡讨伐兴福寺，兴福寺、东大寺等一度失火烧毁。

筒井氏内讧

另一方面，大和永享之乱的胜者筒井氏发生了内乱。筒井氏的总领是成身院光宣所拥立的筒井顺弘（光宣之兄），他对自己只是光宣的傀儡感到不满，遂与光宣对立。然而在嘉吉元年（1441）十月五日，顺弘败于光宣，逃到了亲戚立野氏那里去。（《大乘院日记目录》）

对于幕府而言，筒井氏是大和最值得信赖的武士。为了大和的局势恢复安定，幕府希望早日解决筒井的内乱。幕府既没有选择顺弘，也没有选择光宣，而是选中了第三人。这个人是顺弘、光宣的弟弟，当时是京都相国寺的僧侣。十月八日，幕府立他为筒井氏的总领，任命其为官符众徒。他就是筒井顺永。光宣虽对此不满，但为了与顺弘对抗，便认可顺永继承家督之位。（《大乘院日记目录》）

经觉以及越智、古市等反筒井势力一看机会来了，便对筒井氏施加压力。在兵库津以南与淀川有五处关卡，称为"河上五关"（兵库、神崎、渡边、禁野、淀），通关费的收入归兴福寺所有，但因为幕府任命筒井氏为河上五关的管理代官，通关费收入的大部分流入了筒井氏的腰包。这时候，担任代官的是成身院光宣，经觉以其未向兴福寺交纳收入为由，要求幕府解除光宣的职务。但是嘉吉二年十一月一日，光宣率手下的亲兵占领了南都七大寺（兴福寺、大安寺、药师寺、西大寺、法隆寺、法华寺、清水寺），经觉不得不向光宣归还代官一职。

然而，筒井顺弘也对五关代官的职位垂涎欲滴。顺弘与立野一族一道，准备进攻光宣所在的弥勒院；但在十一月十一日，顺永和光宣反而向顺弘据守的眉间寺（现在奈良市法莲町的东大寺下属寺院，位于奈良町以北的玄关位置）发起了攻击。顺弘等人败走，南山城（现在京都府南部）①的木津父子和狛下司（狛野庄下司狛氏）因未能等到顺弘等人的救援，在般若寺坂（从木津经般若寺去东大寺北面的坡道）战死。光宣一方的山村（古市氏一族）和郡山辰巳等战死。

此后，山边郡丰田赖英作为顺弘一方北上，以钳住岩井川之势与光宣军交战不敌，被迫退去。取得胜利之后，光宣继续担任代官，并处罚了兴福寺内七名顺弘派成员。

次年，即嘉吉三年正月，筒井顺弘在越智氏的帮助下进入筒井城。光宣与顺永躲藏起来。但次月，顺弘遭到同族和家臣们的背叛，惨遭杀害。这可能是光宣的计谋。于是光宣和顺永回到了筒井城。（《大乘院日记目录》）

如此，筒井顺永和成身院光宣结束了筒井氏的分裂，对他们而言，真正的敌人就是统率反筒井势力的经觉了。

经觉与光宣

嘉吉三年（1443）六月，经觉上京晋见将军足利义胜。经觉复任大乘院门主一事得到了正式承认。（《经觉私要钞》）

曾试图从成身院光宣手中抢夺代官一职却惨遭放逐的顺弘派"七人团"，投靠了丰田赖英。当年九月，丰田赖英与古市胤仙等合作进攻奈良。经激烈战斗，奈良町陷入火海，光宣逃往筒井城。

---

① 现在的京都府由山城国、丹后国及丹波国一部分组成，南山城即山城国南部，也就是今天的京都府南部，与奈良县接壤的地区。

此后光宣转移到河内。经觉把筒井氏庶子、与顺永处于对立状态的筒井实顺送进了筒井城。

曾被光宣的威势制伏的兴福寺学侣、六方众，见到丰田等人得胜，便弹劾光宣，没收了其五关代官之职。经觉任命小泉重弘、丰田赖英和古市胤仙为官符众徒的首领，命他们取代筒井顺永，维持奈良治安。

事实上，这样一系列动作的背后，有接替细川持之担任管领的畠山持国的支持。(《大乘院日记目录》)持国曾被足利义教镇压，在足利义教死于非命之后复出，他对和自己境遇相似的经觉抱有亲近感。畠山持国是经觉等反筒井势力的积极后援。

次年，即嘉吉四年（二月五日改元文安）正月，传言说光宣将会发动反击，十九日，丰田赖英和古市胤仙向经觉请求："为守护兴福寺，应在鬼薗山筑城。"鬼薗山就是现在奈良宾馆所在的丘陵。对此经觉回复说："筑城确有必要，但鬼薗山的位置在禅定院头顶上，希望能在别处筑城。"（《经觉私要钞》）简言之，经觉不愿意处于被鬼薗山俯视的位置，这就等于是在窥伺经觉作为大乘院门主的自尊心。

当月二十一日，筒井顺永、成身院光宣与筒井实顺交战，因家臣背叛，实顺战败切腹而死。于是，光宣顺利夺回了筒井城。(《建内记》《经觉私要钞》)

经觉焦急万分，在幕府的催促下发处罚纶旨[①]，经觉此前就已申请，这次终于拿到。(《大乘院日记目录》《建内记》《经觉私要

[①] 奉天皇意向，由天皇近臣发布的命令文书。日本中世的命令文书最常见的形态被称为"奉书"，即由下位的近臣奉高位者之命发布的文书。纶旨是奉书的一种。

钞》）所谓处罚纶旨，就是由天皇发布的讨伐命令，处罚光宣的纶旨发布，等于说光宣成为朝敌，被视为乱臣贼子。

得势的经觉于是命令众徒与国民共十六人进攻筒井城。不仅如此，大乘院的北面（大乘院门主的护卫）也加入了战斗。然而二月二十六日，越智春童丸和小泉重弘等反筒井联军大败，古市与丰田也撤回自己的城池。（《大乘院日记目录》《经觉私要钞》）

如此，光宣攻入南都已无可避免。经觉担心光宣报复，于是决定躲起来。当月二十八日拂晓，经觉乘轿子逃往京都。因为担心筒井一方袭击，他让加入北面的奈良武士护卫他前去。经觉最终抵达京都西郊的嵯峨教法院，这里是经觉亲属的住处，很适合躲藏。（《经觉私要钞》）

之后，反筒井势力卷土重来，经觉于四月十九日重返禅定院。六月，经觉终于决定在鬼薗山筑城。他招募奈良民夫数千人，构筑了经觉的阵屋（住地）、六方众的阵屋，以及小泉重弘、丰田赖英和古市胤仙的阵屋，各自储存了粮食，准备了水桶。八月十日，经觉移住鬼薗山城，严阵以待。

寻尊与《大乘院寺社杂事记》

次年，即文安二年（1445）三月，细川胜元取代畠山持国就任管领，幕府于是失去了讨伐光宣的兴趣。当年九月，反筒井联军被筒井一方击败。经觉为不被筒井一方利用，放火烧了鬼薗山城，向奈良南部遥远的葛上郡安位寺逃去。并且，经觉孜孜不倦记录下的日记也大半被烧毁。（《经觉私要钞》）因此很遗憾，《经觉私要钞》文安以前的记录几乎都没有留存下来。

成身院光宣再度在鬼薗山筑城，并以此为据点。筒井顺永再度成为官符众徒的首领，光宣则重新就任五关的管理代官。处罚纶旨也被取消，反而下达了赦免纶旨。(《大乘院日记目录》)

鬼薗山山脚下的禅定院运气不错，未被烧毁。在成就院躲避战火的寻尊得以返回禅定院。寻尊曾被经觉夺去门主之位，如今总算如己所愿，重新回到了掌控大乘院的位置。当时的寻尊年仅十六岁，正与经觉就任大乘院门主时同龄。

话虽如此，寻尊也有担心的事情。与此前的历任大乘院门主不同，寻尊并未接受过前任门主手把手关于知识和仪程的教导。寻尊与经觉的关系十分疏远，甚至连阅览经觉的日记《经觉私要钞》也不被允许。安田次郎认为，寻尊之所以要记录一部从未见过的详细日记——《大乘院寺社杂事记》，其原因正在于此。换言之，他要为自己，也为后人，写作一部具有参考价值的记录。

此后，筒井派与反筒井派仍旧争斗不断，但筒井的霸权一直未动摇。文安四年四月，接受古市胤仙的邀请，经觉进入奈良南部近郊的迎福寺。(《经觉私要钞》)筒井一方大为紧张，但经觉并没有能够颠覆以寻尊、光宣为核心的兴福寺新体制的能力。

享德二年（1453）六月，反筒井派的中坚古市胤仙病逝。以此为契机，两派趋向和解，享德三年十二月经觉与光宣会面了。(《大乘院日记目录》)

这样，看起来大和将迎来和平，但新的火种又在渐渐萌芽——畠山氏分裂了。

畠山氏的分裂

京都的武力冲突

畠山持国将弟弟畠山持富收作养子。持永的同母兄弟持富之所以不支持持永而支持持国，应该是受到了持国复出的影响。然而文安五年（1448）十一月，持国撤销了这一决定，让他原本计划在石清水八幡宫寺出家的十二岁儿子元服，立他为继承人。文安六年四月，他接受足利义成（后来改名义政，本书此后统称义政）赐名，取名义夏（后改名义就，本书此后统称义就）。宝德二年（1450）畠山义就继承家督之位，并获得了幕府的承认。持富并未对兄长的违约做出反抗，于宝德四年病逝。

然而，由于畠山义就母亲的身份过于低微，家臣中反对他继承家督之位的不在少数。享德三年（1454）四月，重臣神保越中守等试图拥立持富之子弥三郎的阴谋曝光。畠山持国令游佐国助等进攻神保宅邸，神保父子战死。椎名、土肥等神保的同谋逃出了京都。（《师乡记》）

对于为何多数家臣背叛持国和义就，有多种说法。过去一般认为神保与游佐两位家臣之间存在争斗。但近年来，新的研究指出背叛的原因是持国的人事安排。畠山持国触怒将军足利义教之际，家臣们抛弃了他，他因此心怀愤恨。所以持国重用的是他败往河内之时跟随他的亲近之臣，这就导致了跟随他很久的畠山家重臣们的反对。将近十五年过去了，足利义教的恐怖政治仍然残留着印记。

话虽如此，事态若就这么发展下去，必将以畠山持国和义就的胜利告终。然而，弥三郎却去寻求细川胜元的帮助。细川胜元觉得这是弱化对手畠山氏的绝好机会，便将弥三郎藏在了自己的家臣矶谷四郎兵卫的宅邸里。弥三郎派的家臣们各自逃出自己的宅邸成为牢人①，之后受到了山名宗全的庇护。(《康富记》)由于细川和山名这两位重要大名都支持弥三郎，畠山氏的家臣们也如雪崩一般加入弥三郎派。

细川胜元像。龙安寺（京都府）藏

当年八月二十一日夜晚，弥三郎派牢人们袭击了畠山持国的宅邸。畠山持国逃往同族畠山义忠的住处，义就则逃到游佐国助那里。二十二日，义就放火烧了游佐宅邸，与游佐国助和隅田左京亮一起逃出京都。二十八日，持国移居建仁寺西来院，表示从此隐居。(《师乡记》《康富记》)

摇摆不定的足利义政

如前所述，此时的将军是足利义政。嘉吉三年（1443），年仅十岁的将军足利义胜病逝，义胜的弟弟三春（八岁）继承将军之位。文安六年（1449，七月二十八日改元宝德）四月，三春以十四岁之龄元服，被任命为征夷大将军。他就是足利义政。

足利义政就任将军之初，由管领代行政务，此后渐渐也开始

---

① 失去领地、俸禄的人。

足利义政画像。东京国立博物馆藏

发挥自己的政治意向。细川氏与山名氏联合之后，畠山持国就与足利义政接近。因此，享德三年（1454）畠山氏家内爆发骚动时，足利义政支持持国和义就，应持国的要求下发了讨伐弥三郎的命令。

但是，足利义政对持国和义就的支持并不彻底。八月二十一日爆发武力冲突时，将军仅仅命令诸位大名守护自己的御所而已。二十八日持国隐居，足利义政与弥三郎会面，认可他继承畠山氏家督之位。此外，他还撤回了讨伐弥三郎的命令。（《师乡记》《康富记》）足利义政倾向于随波逐流，他的优柔寡断让混乱的局势更加不可收拾。

话虽如此，自己支持的畠山义就失败了，足利义政绝非心甘情愿。九月十日，持国从西来院回到自己的宅邸，认可弥三郎继承家督，四日后，足利义政命细川胜元处死了曾经庇护弥三郎的矾谷。（《师乡记》《康富记》）

细川胜元对足利义政的处置不满，向将军递交了管领的辞呈。当时，若考虑门第与政治经验，能担任管领者的，无人出细川胜元之右。慌了神的足利义政亲往胜元宅邸劝其留任。

这样一来，足利义政的矛头就对准山名宗全了。足利义政当时的亲信是赤松氏同族的有马元家，这也影响了他的行动。（《斋藤基恒日记》）此前的赤松满祐讨伐战中，山名宗全立了大功，吞并了赤松氏领地的大半,他就是赤松氏的仇敌。十一月二日,足利义政突然召集诸位大名,命令他们讨伐山名宗全。经细川胜元调停,讨伐中止,宗全将家督之位让与嫡子山名教丰,前往自己的领地但马隐居。(《康富记》)

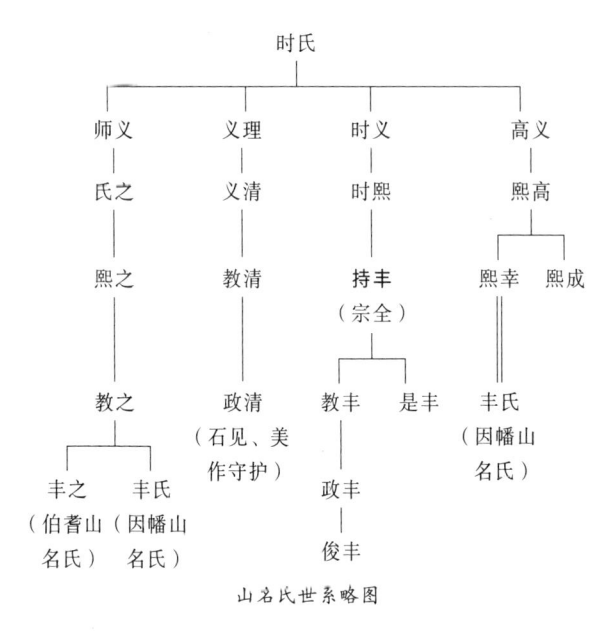

```
                    时氏
    ┌────────┬──────┴──┬────────┐
   师义      义理      时义      高义
    │        │        │        │
   氏之     义清     时熙      熙高
    │        │        │      ┌──┴──┐
   熙之     教清     持丰    熙幸  熙成
    │        │     (宗全)    │
   教之     政清    ┌──┴─┐   丰氏
  ┌──┴──┐ (石见、美 教丰 是丰 (因幡山
  丰之 丰氏  作守护)   │      名氏)
(伯耆山(因幡山        政丰
 名氏) 名氏)          │
                    俊丰
```

山名氏世系略图

山名宗全已不在京都,足利义政便把畠山义就叫了回来。义就率五六百骑意气风发地胜利而归。弥三郎失势。(《师乡记》《康富记》)畠山持国于次年,即享德四年三月去世。足利义政这一连串的举动虽然可以说是对细川和山名的反击,但不可否认的是,这让畠山氏的内部纠纷更加复杂了。

拥立畠山政长

畠山弥三郎逃到了大和,这是因为曾经让畠山持国尝到苦头的成身院光宣在那里。由于光宣接收弥三郎，大和再起战乱。享德四年（1455）七月，为讨伐弥三郎，畠山义就入侵大和，弥三郎大败；八月，筒井顺永和箸尾宗信败走，光宣舍弃鬼薗山城躲藏起来，鬼薗山城遭到破坏。（《大乘院寺社杂事记》）于是，越智和古市等义就派又重回舞台。

光宣的没落对于兴福寺而言也是一个危机，不过大乘院寻尊与一乘院教玄联合，强化与幕府的关系，捍卫兴福寺的权益。已经隐居的经觉此刻只能旁观。

这时，细川胜元的动作过于迟钝。因为细川胜元此时的紧要问题是帮助岳父兼盟友的山名宗全获得赦免，若公然支援弥三郎，恐怕会惹得足利义政不悦。

长禄二年（1458）六月，在细川胜元的努力之下，足利义政赦免山名宗全，宗全于八月上京。（《在盛卿记》）但作为他回归政坛的交换条件，山名宗全不得不认可了赤松氏的再兴。宗全最终带着不满接受，他开始对细川胜元产生不信任感。

另一面，畠山义就自称奉将军命令，在南山城、大和扩大自己的势力。从畠山义就的角度来看，这是他对抗细川胜元和弥三郎的自卫措施，但在足利义政眼中就是招致无意义混乱的行为。

长禄三年正月，足利义政的乳母、支持义就的今参局被诛杀，义就面临的局势越发困难了。当年五月，在细川胜元的斡旋下，成身院光宣、筒井顺永和箸尾宗信被赦免。（《大乘院寺社杂事记》）七月，畠山弥三郎也被赦免，但上京之后很快就去世了。光宣于是拥立弥三郎之弟弥二郎（日后的政长）（《大乘院日记目录》），由此成了与畠山氏家督问题密切相关的人，日后也无法脱身了。大和的混乱因为与畠山氏内讧扯上了关系，从此就一天一天地扩大了。

大名之间的合纵连横

越前的长禄之战

在古市迎福寺隐居的经觉从大乘院寻尊那里获得了很多庄园，依靠庄园的收入，过着富足的生活。其中一处重要庄园是越前国河口庄的细吕宜乡下方。河口庄（今福井县芦原市、坂井市）是九头龙川下游的大乘院领属庄园，其中的一部分给了经觉。

经觉将细吕宜乡下方的经营交给了越前守护代甲斐常治，这就是"守护请"①。但甲斐常治自己也并不会到细吕宜乡去住，而是将当地的管理交给了代官甲斐八郎五郎。经觉时不时派遣亲信楠叶元次去越前，与甲斐交涉。元次的奔走让田租收取得比较顺利，一直能送到经觉那里。

但到了长禄二年（1458）七月，情况大变。越前守护斯波义敏与甲斐常治之间爆发战斗。起初甲斐一方处于优势，但八月七日义敏一方的堀江利真从京都赶到越前，义敏一方重振气势，十一日甲斐一方的敦贺代官大谷将监切腹。

九月十四日，楠叶元次从越前回到奈良。因为甲斐一方战败，甲斐八郎五郎逃往加贺国，田租没能收上来。当月十六日，寻尊前来拜访经觉，河口庄诸乡的公文和政所（当地的管理人员）因

---

① 由守护代收庄园领主或知行国主的田租收入。

为甲斐一方的败北全都没了踪影，于是他来寻求善后之策。具体来说，就是河内庄的名主和百姓请求"在斯波义敏一方打进来之前，希望兴福寺大乘院能派遣代官过来"，寻尊就此前来商讨回复之法。经觉回答说："应立刻派遣代官。"

河口庄的诸乡此前委任给甲斐一方代为管理，这之后就改为兴福寺大乘院直接管理，这就叫"直务（直辖）"。寻尊立即去做幕府的工作，获得了幕府对兴福寺直辖的许可。（《大乘院寺社杂事记》《经觉私要钞》）

然而，当兴福寺派遣的使者手持幕府的命令书去越前时，实际控制越前北部的堀江利真拒绝了他。"若无斯波义敏大人的命令，河口庄的直辖代官不可入内。"这是寻尊和经觉所意想不到的。

斯波义敏一方之所以不遵幕府命令，是因为在此番战事中，将军足利义政支持甲斐一方。越前守护代甲斐常治是越前守护斯波义敏的家臣，家臣与主君兵戎相见，无论理由如何，都是谋反。但即便如此，足利义政也支持甲斐。

这是因为甲斐氏所处的位置特殊。甲斐氏虽是斯波氏的家臣，却时常不经斯波氏，而直接从将军那里接受命令。因此，甲斐氏得到的是近乎将军直臣的待遇。室町幕府创立之初，斯波氏在足利一门中，门第和实力仅次于将军家，因而历代将军都重用甲斐氏，以此监视、牵制斯波氏。

足利义政当然也不例外。足利义政的目标是复活将军权力，遂不遗余力地削减大守护的实力。对畠山氏，他煽动家督之争；对山名氏，他复活其宿敌赤松氏；对斯波氏，他则支援甲斐氏。

寻尊和经觉无可奈何，只能在河口庄的十乡之中，对五乡采用直辖的方式，余下的五乡以守护请的方式，总算达成了妥协。(《大乘院寺社杂事记》《经觉私要钞》)此后，斯波义敏与甲斐常治的争端日趋激烈，田租的收缴也越发困难。这对于大乘院而言无疑不是好事，但对擅长外交的经觉而言，却成了回归政治舞台的良机。

河锅之战

长禄四年(宽正元年，1460)九月十六日，幕府政所执事[①]、足利义政的亲信伊势贞亲召来了畠山义就的家臣游佐弹正和誉田祥荣，命令义就隐居，义就的犹子畠山政国继承家督之位。(《长禄四年记》)这应该是足利义政煞费苦心想出来的保全义就和政长双方面子的折中方案。

然而当月二十日，畠山义就在前往河内之际放火烧了京都家臣们的宅邸，以此向足利义政鲜明地表明了自己的不满。就像是交换一样，筒井军上京。(《大乘院寺社杂事记》)足利义政对义就的行为愤怒不已，遂让畠山政长做了畠山氏家督。

当年闰九月三日，足利义政命令管领细川胜元以下各位大名及畿内周边的主要武士讨伐畠山义就。但是，大军将畠山义就包围，使其不出河内之后，并没有主动攻击义就一方的兴趣。此外，给大和各势力的出兵命令由细川胜元通过成身院光宣下发。(《大乘院寺社杂事记》)无疑，推进本次家督交替与义就讨伐的正是细川胜元、成身院光宣。

当月九日，畠山政长从京都前往奈良。成身院光宣为他安排

[①] 政所是中世权门(公家、武家、寺社)普遍设立的政务管理机构，室町幕府亦设立政所。政所执事即政所的长官，足利家政务的管理者。

了住处，筒井顺永前往迎接。好奇心旺盛的经觉前去观看了他们的军阵。(《大乘院寺社杂事记》《经觉私要钞》)当月十日、十一日，畠山政长的部队侵入大和国宇智郡，攻打牧野城。政长本人没有随军出征，而是留在奈良。(《大乘院寺社杂事记》《经觉私要》)从这里能够看出畠山政长的性格比较稳重。

当月十四日，畠山政长一方在宇智郡取胜，义就一方从宇智郡撤退。(《大乘院寺社杂事记》)宇智郡与义就的老巢河内相邻，占领宇智郡意味着政长一方控制住了进攻河内的交通线。

当月十六日，畠山政长进攻河内，与成身院光宣等一道将军阵移到大和国龙田城（今奈良县生驹郡斑鸠町龙田南）。处罚义就的纶旨也下发下来。但是，畠山政长一方却在这里停滞不前了。这是因为兵力并未如预想一般集结过来。越智、番条、小泉、万岁等表示"曾受畠山义就的大恩，无法背叛他"，拒绝协助政长。依据《经觉私要钞》，畠山政长的兵力只有二三十骑，步兵三百；依据《大乘院寺社杂事记》则是一百骑。经觉嘲笑说："畠山政长只有这点兵力，单凭幕府的威望就想和畠山义就的大军决战，简直可悲。"政长一方在纪伊方面占优势，但纪州武士对进攻河内十分消极，无法指望他们。

畠山义就在人数上占优，并不在河内据守，而是转守为攻，积极进攻政长一方。十月十日拂晓，越智家荣等率兵五百，进攻政长所据的龙田城，另一支兵力则进攻平野郡岛氏的城池。这时的成身院光宣本来正不慌不忙地去禅定院泡澡，因为接到筒井城的筒井顺永的急报，未等入浴便飞奔而逃。

筒井氏不知敌人虚实，未敢轻举妄动，不过倒因此捡了便宜。

筒井顺永手下五十人与成身院光宣的部卒从正进攻龙田城的义就军背后发动袭击，偶然形成了夹击之势。义就一方的越智家国和越智彦三郎等战死，残兵三百人逃往河锅山（神奈备山，奈良县生驹郡斑鸠町神南三室山的别称），政长一方乘胜追击，游佐国助、誉田金宝、誉田祥荣和甲斐庄等义就一方主将战死。进攻岛城的别动队也败退了。（《大乘院寺社杂事记》《经觉私要钞》）

畠山义就本人在信贵山布阵，但听说前锋军战败之后就撤退了。十一日，筒井、十市等政长一方侵入河内。寻尊的日记中记载了"一向筒井高名"这样一句。与其说是由于筒井的奋战，不如说是处于优势地位的畠山义就骄兵而败，总之无论如何，大和的畠山义就一方势力被一扫而空。

卧薪尝胆的畠山义就与焦躁的斯波义廉

畠山义就据守南河内岳山城（位于今大阪府富田林市）。义就的抵抗非常顽强，纵然幕府投入了细川胜元同族的细川成之、山名宗全之子山名是丰等众多武将，战况却并不顺利。这是因为幕府军战意低迷。

最终，竭力奋战的只有成身院光宣、筒井顺永、箸尾宗信等大和国武士。光宣与顺永终日往返于大和兴福寺与河内岳山之间。宽正三年（1462）五月，筒井顺永攻克岳山城的支城金胎寺城。（《大乘院寺社杂事记》《经觉私要钞》）宽正四年四月十五日，光宣使计，岳山城陷落，义就逃往高野山。（《大乘院日记目录》《经觉私要钞》）之后光宣等继续追击义就，畠山义就被迫逃到吉野。

宽正四年八月，足利义政的生母日野重子逝去，十一月举行了百日供养法会①。借着这个机会,足利义政大赦罪人,畠山义就也得以赦免。虽说如此,畠山政长依然是家督,因此畠山义就继续在吉野深处的天川潜伏。(《大乘院日记目录》)从经济上支援着不得意的畠山义就的是越智家荣。(《大乘院寺社杂事记》)另一方面,筒井顺永将女儿嫁给畠山政长家臣、河内守护代游佐长直,在政长那边颇费心力。

此时,斯波义敏也与畠山义就一同被赦免了。斯波义敏于长禄三年(1459)五月败于甲斐常治,投靠周防的大内教弘去了。他的斯波氏家督之位也被足利义政剥夺。但是,因宽正四年的大赦,他的罪得以赦免。这是他的亲戚伊势贞亲在将军面前说了情的缘故。

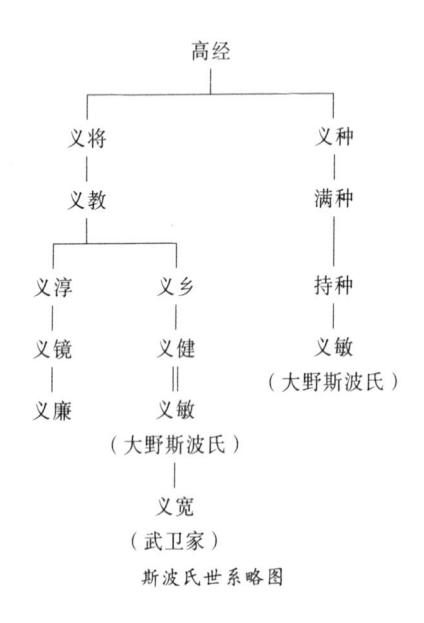

```
                  高经
         ┌─────────┴─────────┐
        义将                 义种
         │                    │
        义教                 满种
   ┌─────┴─────┐              │
  义淳        义乡           持种
   │           ║              │
  义镜        义健           义敏
   │           ║          (大野斯波氏)
  义廉        义敏
          (大野斯波氏)
              │
             义宽
           (武卫家)
```

斯波氏世系略图

---

① 死者死去一百天时举行的追荐法会。

已成为斯波氏新家督的斯波义廉闻讯大为震惊。义廉是涩川义镜之子，得到斯波氏重臣甲斐敏光（甲斐常治之子）、朝仓孝景等的支持，做了斯波氏的养子。伊势贞亲等足利义政的亲信谋划让斯波义敏重返家督之位，这对义廉而言是个巨大威胁。因此，义廉娶了山名宗全的女儿，与山名氏联姻，以此来和斯波义敏对抗。山名宗全敌视那些试图复兴赤松氏的足利义政的亲信，所以对于山名宗全而言，这桩婚事颇有好处。

斯波义廉还在摸索与畠山义就的合作关系。宽正六年十一月，畠山义就在天川兴兵，朝仓孝景向义就赠送马与太刀，以示祝贺。（《大乘院寺社杂事记》《经觉私要钞》）到这时候，斯波义敏回归家督之位的可能性越来越大。对于斯波义廉而言，他极力想争取更多的盟友，这令他十分焦急。

文正政变

宽正五年（1464）十二月，足利义政的弟弟净土寺义寻还俗，改名足利义视。足利义政没有男嗣，于是想让弟弟做自己的继承人。然而，就在宽正六年十一月足利义视元服后不久，足利义政的儿子（日后的足利义尚，以后统一称为足利义尚）就出生了。于是，事情变得复杂起来。足利义政试图采用义视、义尚这样一个继承顺序来解决矛盾，但当时的幕府政治，绝非足利义政一声号令就能起作用的。

这时候的幕府有三股政治势力。第一是以伊势贞亲为中心的足利义政亲信集团。伊势贞亲是足利义尚的乳父（抚养人），反对足利义视出任将军。他的愿望是足利义政继续作为将军执政，待义尚长成，再让他继承大位。

再者，虽然一般认为日野富子期望自己的儿子出任将军，因而计划将足利义视排除出去，但足利义视的妻子是日野富子的妹妹，两人的关系并不一定那么糟。日野富子的态度是，如果足利义视只是做义尚成年之前的过渡将军的话，她就对足利义视给予支持。这时日野富子与伊势贞亲的意见并不一致。

此外，足利义政的亲信们是斯波义敏重回政坛的后援。究竟为何如此呢，家永遵嗣认为缘由是足利义政、伊势贞亲关东政策的转变。也就是说，若要强行推进对关东足利成氏的讨伐，对奥州武士们影响很大的斯波义敏是不可或缺的。但正如末柄丰近年来所指出的，关东政策并非主要原因，真正的焦点是管领的人选。既非细川派，又非山名派的管领候补人选，除了斯波义敏，就没有第二个人了。

幕府的第二股政治势力是以山名宗全为首的集团。山名宗全与支持赤松政则的足利义政亲信集团为敌，他期望足利义视就任将军，足利义政从政界引退。此外，他计划将自己的女婿斯波义廉推上管领的位置（具备担任管领资格的只有斯波、细川、畠山三家）。

第三股政治势力是细川胜元集团。细川胜元已将管领之职让与畠山政长，但政长是依靠细川胜元的支持才成为家督的，所以他也处于细川胜元的影响之下。细川胜元的政治立场是伊势贞亲与山名宗全的中间路线。胜元不认为有必要将足利义视排除出去，但同时也无意让足利义政隐居。既不是足利义政、足利义尚这样的伊势路线，也不是足利义政、足利义视这样的山名路线，他真正的态度是维持足利义政、足利义视、足利义尚这一原本的既定路线。这可以说是代代走稳健中道路线的细川氏特有的政权构想。

正如前面所看到的，足利义政刚发出讨伐命令就赦免众人，甚至改换家督，行为反复无常。足利义政三番两次推翻自己的决定，毫无疑问将造成政治和社会的混乱，连寻尊也在《大乘院寺社杂事记》中时不时把他扎判一番。但是，朝令夕改的原因并不仅仅是足利义政反复无常、容易受周围意见影响的性格，更本质的原因是三股政治势力之间的互相碰撞。

伊势、山名、细川，终于，三足鼎立瓦解的时候到来了。文正元年（1466，宽正七年二月二十八日改元）七月，基于伊势贞亲及禅僧季琼真蕊[①]等亲信的申请，足利义政废除斯波义廉的家督之位，改换义敏为家督。而山名宗全则与一色义直、土岐成赖等支持义廉。此外，伊势贞亲还赦免了与细川胜元对立的大内政弘，胜元大为不满，请求隐居。（《大乘院寺社杂事记》）

寻尊听信从光宣那里得到的乐观情报，认为改畠山义敏为家督并不会生出多大波澜，根本不值一提。然而与朝仓孝景保持联络的经觉则预测，山名宗全等绝不会就此善罢甘休。八月，足利义政命令山名宗全的女儿与斯波义廉解除婚姻关系。（《荫凉轩日录》）山名宗全等从领国召集军队，京都立即情势紧张。（《大乘院日记目录》）

这时，畠山义就出动了。奈良疯传义就上京的消息，光宣等

---

① 禅僧，荫凉轩主。荫凉轩为相国寺鹿苑院内的塔头，荫凉轩主为将军与五山禅林管理者（庵苑僧录）的联络人员，是将军的亲信禅僧，在政治、外交等多领域为将军担当顾问。

大惊。八月二十五日，足利义政任命斯波义敏为越前、尾张、远江守护。(《荫凉轩日录》)正是这一天，畠山义就从天川出发，进军壶坂寺(位于今奈良县高市郡高取町壶阪)。(《大乘院寺社杂事记》)

一般解释说，畠山义就的这些行动是为了与山名宗全的军事行动相呼应。然而若从时机上来看，倒不如说与伊势贞亲等足利义政亲信的合作进入了畠山义就的视野。此前足利义政亲信集团就与畠山义就周围的人有接触，在成功让斯波义敏复位之后，接下来可能就要拉拢畠山义就了。畠山义就的目的应该就在于此。

总之，伊势贞亲的意图是将反山名的斯波义敏、赤松政则，反细川的畠山义就、大内政弘整合到一起，来与山名、细川对抗。史书上大多将这时的局势描述为将军亲信与诸位大名的对决，伊势贞亲的阴谋只能被称为愚蠢，但这么看来，伊势贞亲其实有十足的胜算。

但是，伊势贞亲也有失算之处。在畠山义就和大内政弘上京之前，山名与细川达成了同盟。九月五日夜，足利义政轻信伊势贞亲"义视疑谋反"的谗言，意欲诛杀足利义视。足利义视遂向山名宗全和细川胜元寻求帮助。六日，因山名、细川等各位大名抗议，伊势贞亲、季琼真蕊和斯波义敏等下台。(《后法兴院记》《大乘院寺社杂事记》《经觉私要钞》)这就是文正政变。

文正政变后，进入细川胜元宅邸的足利义视作为事实上的将军处理政务，山名宗全与细川胜元两位大大名作为"大名头"对其提供支持，临时政权得以设立。(《大乘院寺社杂事记》)然而十一日，足利义政起誓绝无伤害足利义视之意，于是足利义视在细川胜元的护卫之下返回自己的宅邸，胜元等各大名也向足利义政宣誓效忠。(《后法兴院记》《大乘院寺社杂事记》)足利义政将全部罪名转嫁给自己的亲信们，就这样重返政坛了。各大名决议，不仅要放逐伊势贞亲本人，还将其弟贞藤、嫡子贞宗等伊势同族一并驱逐。(《经觉私要钞》)

就当时状况判断，说服众大名，成功让足利义政复出的是细川胜元。这让拥护义视就任将军的山名宗全的想法落了空。对于长期担任管领，左右着幕府政治的细川胜元而言，他的政治手腕要比山名宗全高明得多。如今，伊势贞亲这个共同的敌人已经消失，持有不同政治设想的细川胜元和山名宗全之间的冲突也就不可避免了。

畠山义就上京

让我们再来看看畠山义就的动向。畠山义就于九月二日从壶坂寺出发，进入河内金胎寺城。义就向乌帽子形城（位于现大阪府河内长野市喜多町乌帽子形山）发起进攻，三日晚将其攻克。为遏制义就得胜的势头，管领畠山政长派遣重臣游佐长直到河内。(《大乘院寺社杂事记》《经觉私要钞》)

如前所述，伊势贞亲在文正政变中下台，细川胜元不愿政变继续扩大，遂开始收拾残局。胜元禁止筒井顺永与义就一方交战，试图让河内局势恢复平静。然而顺永十分不满细川胜元的决定，为协商此事而上京。(《经觉私要钞》)

知晓这一情况之后，寻尊在日记中写下了他愿望式的观察记录："顺永上京（离开大和），说明河内的局势还不太糟糕吧。"另一面，通过古市胤荣（古市胤仙之子）了解了义就一方动向的经觉则说："河内武士多追随义就一方。"他判断局势对义就有利。

游佐长直军在深田和广川（今大阪府南河内郡河南町弘川）布阵，九月十五日遭到了义就军的攻击。十七日，两阵均被突破，畠山政长一方的岳山城也失守了。同时，政长一方的布施、高田攻入越智家荣辖地内，被越智击退。(《经觉私要钞》)

然而畠山义就并未上京，而是进攻布施与高田，扩大在大和的势力范围。因为与伊势贞亲等的合作设想化为泡影，回归京都政坛的希望也就破灭了。所以，畠山义就尊重越智家荣的意愿，决定致力于扫除大和的反越智势力。当月二十七日，光宣上京，向细川胜元和畠山政长求援。(《大乘院寺社杂事记》)

十月以后，大和、河内两畠山氏将开始大决战的概率大增。寻尊这样记述了两大阵营的构成。(《大乘院寺社杂事记》)大和的义就一方势力有越智家荣、吐田、曾我、高田、小泉、高山、万岁、冈等。细川胜元为击退义就，命畠山政长、京极持清、山名教丰等出兵。大和的政长一方势力有筒井顺永、成身院光宣、箸尾宗信、布施、高田、多武峰等。而且，还有很多不规矩的人同时与两派交好，伺机而动，意图借机侵占兴福寺领属庄园。寻尊为此烦扰不已。

十月十六日，畠山义就、越智家荣用柴填埋布施城的壕沟，突入城内，布施城被攻陷。高田也舍弃高田城逃走，义就一方的曾我将其攻占。战败的布施与高田逃亡箸尾城，筒井顺永也进入了箸尾城。(《大乘院寺社杂事记》《经觉私要钞》)取得一定战果之后，畠山义就撤回了河内。

十一月，在谨守中立的大乘院一方国民十市远清的斡旋之下，筒井派（政长派）与越智派（义就派）议和了。寻尊对此十分欢迎。"无论对兴福寺还是对大和都是件好事。"

插一句话，对这样的战况，经觉与寻尊的记录方式是完全相反的。经觉对瞬息万变的战况的记载可以说事无巨细。他把从古市胤荣那里听来的情况一五一十地记载下来，内容活灵活现。相反，寻尊将信息做了一番整理，整体上采取俯瞰的态度。经觉宛如战场亲历者一般，寻尊则与战乱保持着一段距离。记录者的个性差异跃然纸上。

大和与河内的议和之所以能够顺利进行，是因为文正政变之后的政坛动荡被细川胜元巧妙地处理了。畠山义就的军事行动原本就是打算趁着京都的政局变动而实施的，既然政局已经趋于平静，他就只能收手了。细川胜元也没有再开战端、讨伐义就的意向。

但是，山名宗全的想法截然不同，他对幕府以细川胜元为中心运营的现状并不满意。于是，山名宗全就开始注意起畠山义就来。他想，若将义就拉拢过来，事态或可挽回。

如前所述，山名宗全的女婿斯波义廉，在文正政变以前就和畠山义就有交往。山名宗全私下里也应该和义就有过接触。但就文正元年（1466）八月古市胤荣应斯波义廉请求出兵时，筒井顺永处也被派遣了援军这一情况来看（《经觉私要钞》），在政变之前，支持山名派与协助义就（反畠山政长派）并不能直接划等号。笔者对目前盛行的山名宗全、斯波义廉与畠山义就的合作在宽正年间（1460—1466）就已经成立的说法抱有疑问。

细川胜元既然已经是畠山政长的后盾，那么与畠山义就联手，就意味着山名宗全将同和自己有着二十年交情，同时也是自己女婿的细川胜元决裂了。在文正政变中，正是因为胜元与宗全携手，他们才成功地将伊势贞亲赶下了台。正当此时，山名宗全的养女、胜元的妻子发现有了身孕。虽说只能跟随在细川胜元身后，但对于山名宗全而言，以胜元盟友的身份参与幕府政治是最为安全的。

　　然而，山名宗全已决意夺取政权。他召畠山义就上京，十二月二十四日，畠山义就在没有取得足利义政许可的情况下，从河内前往京都。（《大乘院寺社杂事记》）应仁之乱已经迫在眉睫了，不过在这个时候，还没有人预料到这一点。

第三章

大乱爆发

军事政变

御灵之战

文正元年（1466）十二月二十六日，畠山义就率军上京，在京都北部的千本释迦堂（大报恩寺）布阵。义就的背后，是山名宗全与斯波义廉。畠山政长为与义就对抗，在宅邸四围构筑箭楼，与赤松政则、六角政高一同据守。此外细川胜元和京极持清也支援政长。（《大乘院寺社杂事记》《经觉私要钞》）

将军足利义政对畠山义就擅自上京十分愤怒，遂支持畠山政长。文正二年正月初一，管领畠山政长前往将军御所（花之御所），向足利义政进献了垸饭。所谓进献垸饭，就是家臣为主君进献膳食，招待主君的仪式。每年初一，室町幕府首席家臣，即管领会为将军安排垸饭。政长负责垸饭事宜，意味着足利义政对畠山政长的信任。但是，因为要对畠山义就一方的活动保持警戒，畠山政长与细川胜元军沿路设置了警卫。（《后法兴院记》）

然而正月初二，足利义政中止了前去畠山政长宅邸的"御

"，在将军御所与畠山义就会面。(《斋藤亲基日记》)所谓御成，是对贵人外出的尊称，在室町时代主要指将军的外出。

每年正月初二，将军驾临管领宅邸接受宴会招待，这是幕府

应仁时期京都的上京区域。引自今谷明《日本的历史》卷9《日本国王和土民》，一部分有修改

的固定活动,被称作"御成始"。对畠山政长而言,迎接将军驾临是昭示自己与将军亲密关系的绝佳机会,如此突然中止,对政长实在是很大的打击。寻尊对此大吃一惊,觉得足利义政"扶持双方"(向政长和义就双方都示好),实在是无节操。(《大乘院寺社杂事记》)

正月五日这一天,是每年将军拜访畠山宅邸的日子。然而足利义政却没有去畠山政长那里,而是去了畠山义就处。因为畠山宅邸处于政长的控制之下,义就借用山名宗全的宅邸迎接了足利义政。(《后法兴院记》《斋藤亲基日记》)足利义视与各大名也随行而往,没有一同前去的只有畠山政长、细川胜元和京极持清而已。(《大乘院寺社杂事记》)

六日,足利义政罢免畠山政长的管领职位,命令他将宅邸让给义就。(《大乘院寺社杂事记》《斋藤亲基日记》)并且,成身院光宣在知晓政长的不利形势之后,率部从奈良上京。(《经觉私要钞》)但到了八日,斯波义廉被任命为管领,十一日新管领斯波义廉走马上任。(《后法兴院记》《大乘院寺社杂事记》《经觉私要钞》)

起初支持畠山政长的足利义政突然转向畠山义就一边,想必是发现了义就上京之后山名一方的军事力量占优吧。十是十五日,畠山政长、细川胜元、京极持清、赤松政则等拥向将军御所,逼迫足利义政下达讨伐畠山义就的命令(这种各大名胁迫将军的行为被称作"御所卷")。然而,这一企图被山名宗全的养女、胜元的夫人泄露给了山名一方,山名宗全、斯波义廉和畠山义就以警卫为名占领将军御所。(《经觉私要钞》)山名宗全等以武力将政局的主导权掌握在自己手里,等于发动了军事政变。于是细川胜元谋划拥立足利义视，其意图也被山名宗全掌握，十六日，山名宗全将足利义视等足利同族转移到将军御所。(《大乘院寺社杂事记》《经觉私要钞》)

山名一方判断，失势的畠山政长必将逃出京都。正如第二章所介绍的，失去将军信任的大名一般惯例是回到领国禁闭。但是政长却于十七日夜纵火烧毁自家宅邸，北上经糺河原（贺茂川与高野川汇合处的平原，又称"鸭河原"），于十八日拂晓在御所东北的上御灵社（现在的御灵神社）布阵。从糺河原向东，假装出京，实则西进布阵，呈窥伺将军御所之势。京极持清在将军御所南、细川胜元在将军御所西布阵，把山名宗全等据守的将军御所包围起来。(《后法兴院记》《大乘院寺社杂事记》《经觉私要钞》)

足利义政担心卷入战事，命令山名和细川不得军事介入两畠山氏的争斗，试图让事情以义就和政长一对一结束。(《大乘院寺社杂事记》《经觉私要钞》) 足利义政打算静观其变，支持胜方的态度与墙头草无异，在目前为止的畠山氏内讧中，足利义政基本只支持处于优势的一方。这么说或许有些讽刺，但足利义政一以贯之的原则就是，根据形势的变化不停转换自己的方针。依靠某种灵活性，足利义政勉强避免畠山氏内讧失控，这一次，他大概仍然想继续保持局外中立，以此防止战乱扩大吧。

上御灵社，现在正式名称是御灵神社

十八日傍晚，畠山义就的军队朝着畠山政长布阵的上御灵社涌过来。(《后法兴院记》)细川胜元听从足利义政的命令，未发兵援助政长。然而，山名宗全和斯波义廉却发兵相助义就，好似对胜元的迂腐报以嘲笑一般。(《大乘院寺社杂事记》)畠山政长战败，依光宣计，藏入胜元宅邸。(《大乘院日记目录》)山名一方未能掌握政长的行踪。(《经觉私要钞》)

山名宗全顺利夺取了政权。二十三日，他通过幕府奉行人饭尾为数，命令大乘院（寻尊）、一乘院（教玄）搜捕畠山政长及其家臣。(《大乘院寺社杂事记》)然而，山名宗全发兵援助义就给日后的政权留下了祸根，并让细川胜元痛恨不已。因为山名军参战，细川胜元就成了抛弃盟友政长的人，风评大减。(《大乘院寺社杂事记》)这不仅是伤了细川胜元自尊心的问题，也是关乎胜元作为派阀领袖立场的问题，细川胜元必须以某种方式洗刷污名。

从目前的战绩来看，恐怕畠山义就仅凭自己的力量也足以击败畠山政长。事实上，在朝仓孝景等援军到达之前，义就已经击破政长军，朝仓孝景不过是追击了逃走的政长而已。(《经觉私要钞》)如果是一对一，哪怕政长败了，细川胜元可能也能接受这个结果。山名宗全为了确保义就的胜利而出兵相助，他付出的代价是高昂的。山名一派正在欢庆自己的春天到来之时，细川胜元已经着手准备反击了。

细川胜元的反攻

御灵之战后，细川一方与山名一方的小规模战斗虽仍在持续，但也算渐渐恢复了平静。三月五日，由于京都发生战乱（御灵之战），文正这个年号显得不吉利，于是改元应仁。四月十日，后花园天皇、足利义政和足利义视等被请到日野胜光（日野富子的兄长）的宅邸，举行了和歌会。（《后法兴院记》《经觉私要钞》）当月二十三日，足利义政前往管领斯波义廉宅邸，日野富子和足利义视随行。（《后法兴院记》）朝廷、幕府的仪礼及活动并无滞延，皆顺利进行，人们根本无从预料大乱将至。

然而到了五月份，形势开始起变化。细川一方在全国各地发起军事行动。赤松政则侵入山名宗全的领国播磨（嘉吉之变以前是赤松的领国），斯波义敏侵入斯波义廉的领国越前。（《大乘院寺社杂事记》）据说山名氏领国伊贺也发生了战斗。（《经觉私要钞》）此外据军记物语《应仁记》记载，细川一方的土岐政康（土岐持赖之子）攻入山名一方一色义直的领国伊势，细川一方的若狭守护武田信贤将国内的山名一方势力（邻国丹后的守护是一色义直）逐出。寻尊感叹道："东西南北，没有一个平静之处。"但是，这些作战的性质显然是佯攻，细川一方真正的目标是控制京都。

五月十六日，细川胜元家臣池田充正率领甲（正规军）十二骑、野伏（农民兵）一千从摄津上京。（《后法兴院记》）另一方面，二十日，山名宗全、畠山义就、一色义直等聚集在管领斯波义廉的宅邸，商讨应对之策。（《后法兴院记》《后知足院记》）

寻尊与经觉此刻也开始感到忧惧，担心山名与细川的对立会发展为京都的战乱。寻尊引用一本不足为信的预言书《圣德太子未来记》，表示对佛法、王法行将灭亡感到十分害怕。对此铃木良一说："看起来他的害怕还并不那么真切。"对其加以批判。也就是说寻尊是不通世俗的，对现实没有兴趣。

但是实际上，比起经觉，寻尊更早地对京都的战乱做出了预测。五月十八日，寻尊对经觉说："传言说细川胜元将再度发兵，强行让足利义政下达义就讨伐令。"经觉却认为细川胜元等人并没有这么大的胆量，对传言不屑一顾。(《经觉私要钞》)经觉观察，如今在山名一派的势头之下，纵使是细川胜元也占不了优势。不用说，寻尊与经觉谁的预测更准确，显而易见。

应仁元年（1467）五月二十五日晚上，京中的武士们开始慌慌张张起来(《后法兴院记》)。二十六日上午，武田信贤和细川成之袭击了将军御所对面的一色义直宅邸并放火，一色义直逃到山名宗全府邸去。(《宗贤卿记》《大乘院寺社杂事记》《经觉私要钞》)据说制定奇袭一色宅邸计划的就是细川胜元与成身院光宣。(《大乘院日记目录》)很显然，这是为了占领将军御所而布下的一步棋。以这次战斗为契机，细川一方与山名一方爆发全面冲突。为请求援军，光宣派遣传令兵到大和的箸尾和筒井那里，经觉也就是在这时候知道了开战的消息。

二十六日整天，京都各处都有战斗，多处放火，呐喊声不绝，双方死伤都不可计数，然而胜负未分，战斗延续到次日。(《后法兴院记》《后知足院记》)因双方火攻，京都北部（船冈山以南、二条以北）多处武家、公家宅邸和寺院被烧毁。(《大乘院寺社杂事记》)

足利义政的选择

五月二十八日，将军足利义政命令细川胜元与山名宗全"暂且休战,等待指示"。(《后知足院记》《经觉私要钞》)停战命令似乎收到效果,二十八日以后虽有弓箭对峙与放火,却无大规模战斗。(《后法兴院记》《后知足院记》)

受到军记物语《应仁记》的影响,很多研究者认为细川一方在开战之后就立即占领了将军御所,对将军足利义政施加了巨大压力。寻尊派去京都的部下也报告说"细川侍候将军(细川在将军身侧)",这段记载看起来是前面说法的旁证。

但是,足利义政吸取正月政变时御所被山名一方劫持的教训,这次紧闭将军御所大门,将亲随分成三队,交替守卫御所。即便是大名拜访足利义政,也不允许率兵进入御所以内,只允许本人单独进入。(《大乘院寺社杂事记》《经觉私要钞》)因此,正如石田晴男所指出的,虽说将军御所已被细川一方团团围住,但御所以内并无细川胜元一方的一兵一卒,因此足利义政仍然保持着一定程度的自主性。

足利义政于五月二十六日向畠山义就送去了御内书[1],试图说服他:"本次的事件(细川胜元等的起兵)毫无道理,决不允许。请暂且前往河内,回避争端。"(《畠山文书》)足利义政判断,畠山义就若离开京都,细川胜元等也就只好罢兵收手了。足利义政维持中立,努力想让双方坐下来和谈。

然而,六月一日细川胜元向足利义政请求颁发将军旗帜与处罚山名宗全的纶旨,并要求任命足利义视为讨伐山名军大将。(《后知足院记》《大乘院寺社杂事记》)这是因为文正政变以后,足利义

---

[1] 御内书是室町幕府将军文书的一种。采用"直状"的形式,本来多用于私下的场合,后来也多作为公文书使用。

视和细川胜元走得近的缘故。

但是，足利义政的亲信日野胜光表示反对："将军旗帜是在讨伐反叛将军者时使用的，本次的战事，不过是细川与山名的私斗而已。"(《经觉私要钞》)看起来言之凿凿，其实这话不过是借口，实际上日野胜光与山名宗全交好。(《后法兴院记》)日野胜光、富子兄妹对文正政变后足利义视的存在感上升心怀戒备，为牵制足利义视，日野胜光遂与山名宗全合作。御灵之战前后山名宗全巧妙奔走，也是因为有日野兄妹的协助。

但最终，足利义政还是在六月三日将旗帜交给了细川胜元。(《后知足院记》)八日，将军御所的四足门挂起了将军的旗帜。(《大乘院寺社杂事记》)足利义政态度转变，不必说，当然是因为细川胜元等的压迫，很大程度上也应该有弟弟足利义视推波助澜的因素。

后面会提到，足利义视纵然对山名宗全等毫无厌恶之感，却仍积极讨伐山名一方。白濑今朝雄评价说"足利义视是个认真且严厉的人吧"，但这不单是性格方面的问题。足利义视算得上下任将军候补了，他可能把这场大乱视作显示自己领导才能的绝佳机会。正如铃木良一所说，为压制足利义视，足利义政想要把伊势贞亲召回来，对于足利义视而言，如何树立自己的权威，确实是迫在眉睫的问题。

因为将军失掉了中立的地位，战争的调停者也就消失了。如果不迅速把已打上"贼军"烙印的山名一方镇压下去，战争就没有办法很快结束了。

短期决战战略的破产

两军的构成

那么，我们来看一看两军的阵容。细川一方的布阵在将军御所周边铺开，而山名一方则以钳住堀川之势，在一条大宫一带布阵。细川胜元一方在东，山名宗全一方在西，前者叫作东军，后者叫作西军。此后，我们就使用这两个称呼。顺便说一句，现在京都市上京区一条通以北的地区叫作西阵，就是因西军的阵营所在而来。

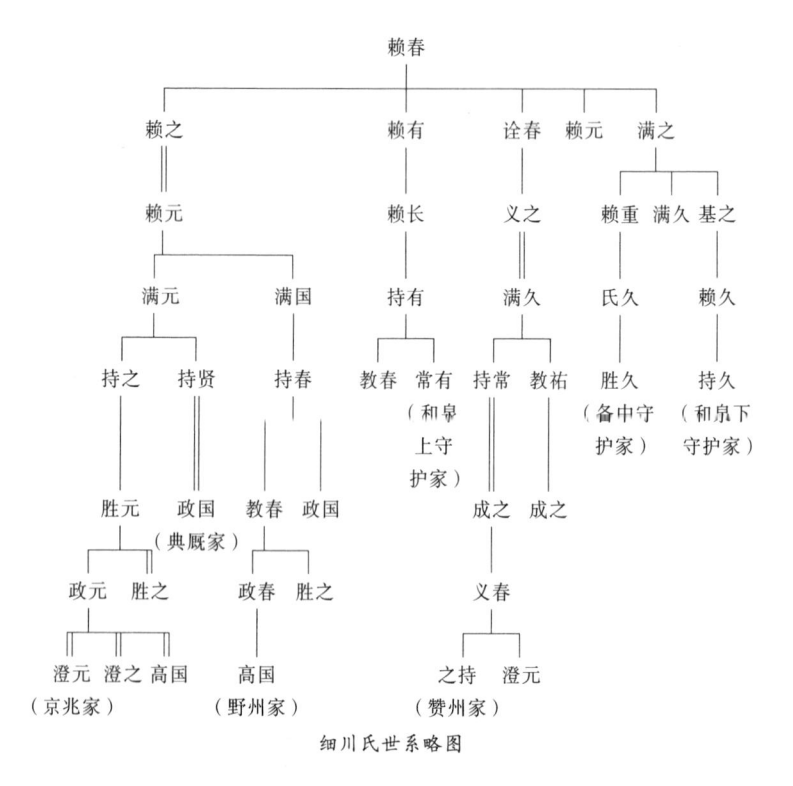

细川氏世系略图

参加东军的大名有细川胜元（摄津、丹波、赞岐、土佐守护）、细川成之（三河、阿波）、细川成春（淡路）、细川胜久（备中）、细川常有和细川持久（和泉两守护）、畠山政长（河内、纪伊、越中）、京极持清（北近江、飞弹、出云、隐岐）、武田信贤（若狭、安艺分郡）、赤松政则（加贺北半国）、山名是丰（备后）、斯波义敏。

东军主力是细川同门、畠山政长和京极持清。武田信贤的领地包括安艺国佐东郡、安南郡、山县郡，与安艺守护山名宗全是竞争关系。赤松政则也是因为试图从山名手中夺回原有的领地播磨、备前和美作，而加入东军。至于斯波义敏，则如前所述，他与山名宗全的女婿斯波义廉是对手。也就是说，细川胜元集结同门及盟友政长、持清，以及反山名派所成立的军队就是东军（山名是丰则是因为与父亲宗全不睦，于应仁元年六月从西军叛入东军）。

另一方面，参加西军的大名有山名宗全（但马、播磨、安艺守护）、山名教之（伯耆、备前）、山名政清（美作、石见）、山名丰氏（因幡）、斯波义廉（越前、尾张、远江）、畠山义就（山城）、畠山义统（能登）、一色义直（伊势、丹后）、土岐成赖（美浓）、六角行高（近江）、富坚政亲（加贺）。后面还会提到，后来大内政弘（周防、长门、丰前、筑前）也加入了西军。

西军的主力是山名一族与斯波义廉和畠山义就。据军记物语《应仁记》记载，山名宗全被岳山之战中义就的奋战所感动，于是决心与义就合作，但如前所述，

东军	西军
细川胜元	山名宗全
畠山政长	畠山义就
斯波义敏	斯波义廉
京极持清	一色义直
赤松政则	土岐成赖
武田信贤	大内政弘

东西两军的主要大名

这并不是史实。文正政变后，山名宗全将反细川的畠山义就拉拢入自己的阵营，但二者的关系并不密切，后来的西军因此乱了步调。顺便一提，畠山义统的弟弟畠山政国是畠山义就的犹子。

一色义直与足利义政和伊势贞亲关系亲密，与山名的关系却很淡薄。文正元年（1466）年末，畠山义就上京之际，一色义直还尚未清晰地表明态度。(《大乘院寺社杂事记》)他之所以最终加入西军，是为了把原属于他的三河和若狭从细川与武田两氏手中夺回来（此外，武田信贤的兄长信荣曾杀害一色义直之父义贯，义直的愤恨也是一个原因）。

土岐成赖和六角行高（后来的高赖，此后统称六角高赖）并没有特别的理由要协助山名宗全。两人的势力范围和细川胜元的盟友京极持清的领国北近江接壤，因此他们才为了对抗京极而加入西军的吧。加贺守护富坚政亲，在赤松政则成为加贺北半国守护以后就与赤松政则对立，既然政则投身东军，富坚政亲也就加入了西军。

此外据《应仁记》记载，两军兵力分别是东军十六万骑，西军十一万骑。历来认为这个数字有所夸大，但就畠山义就集结的大和、河内与熊野之兵就有七千骑来看，或许这个数字与真实情况意外地接近。大和的义就一党的核心力量是越智家荣的兵力，有骑兵一百五十、步兵两千。协助义就的熊野势力有一千四五百人（《经觉私要钞》），加上野伏之类的杂兵，义就军达到七千人也是可能的。其他将领也有大致程度的兵力的话，西军总体上便可达数万人。

然而，这个数字不过是总共能够动员的兵力，并不是全军一齐在京都会合，也不能忽略部队兵员的补充和交替。据永岛福太郎推算，开战之时两军加起来也不到五万。西军的兵力就是一二万。六月起，山名一方八国的兵力出发开向京都（《大乘院寺社杂事记》），就此来看，西军的军事动员比较迟，被迫在京都陷入苦战。

足利义视的失势

东军在获得幕府军的名分之后，于应仁元年（1467）六月六日商讨作战计划，决定以足利义视为主帅，在八日对西军发动总攻。但是因为西军将领中，有像山名宗全的儿子山名是丰那样请求投降的，于是总攻被中止了。这应该是足利义政的意向。足利义政向西军诸将送去御内书，劝他们投降。当日，西军山名教之与东军赤松政则在一条大宫激战，东军获胜。主帅足利义视亲自检验了尸首。(《大乘院寺社杂事记》)足利义政试图抑制战事扩大，足利义视却干劲十足地想积攒战功。面对大乱，这对兄弟的表现截然相反。

九日，土岐成赖、六角高赖、富坚政亲三人通过东军的细川成之透露了降服之意。足利义政怀疑他们是否真心投降，于是回复他们说，在对山名宗全与畠山义就发起进攻前，不与他们见面。(《大乘院寺社杂事记》)事实上，富坚政亲是被东军策反，但土岐和六角确实是诈降。

斯波义廉也想投降东军，但足利义政要求他"除非交出朝仓孝景的脑袋，否则不允许"。(《大乘院寺社杂事记》)朝仓孝景是斯波义廉的重臣，也是义廉军中的大将。此外，在山名同族的增援部队还未到达京都时，朝仓军其实是西军的主力。所以这是义廉无论如何也不能接受的条件。

足利义政仍然给斯波义廉保留着管领的位置，我们看不出他对义廉有什么厌恶。给斯波义廉开出如此苛刻的投降条件，并非足利义政的本意，应该是受足利义视和细川胜元等人的意见影响的结果。对细川胜元来说，其他的武将暂且不论，若不能给予山名宗全和斯波义廉打击，那么开战就没有意义了。足利义视也一样，在建立突出的军功之前他是不愿意收手停战的。这样一来，停战的道路就被封死了。

足利义视掌握着将军御所，将与山名一方有亲缘关系或者关系紧密的女官和近臣全都驱逐出去。十一日，暗通西军的饭尾为数父子被处死。(《大乘院寺社杂事记》)

足利义视在三年前才还俗，并没有固有的权力根基。因此，他利用大乱这一"有事"之机，专权跋扈，为自己出任下任将军打实基础。但是足利义视的行动招致了想让自己的儿子义尚担任下任将军的日野富子的反对。结果，被孤立的足利义视退出将军御所，回到了自己的宅邸（今出川殿）。(《应仁记》)

大内政弘入京

无论兵力还是大义名分，东军都胜出西军一筹。但由于畠山义就和朝仓孝景等西军诸将奋起反抗，对付起来颇为棘手，东军也未能获得决定性的胜利。东军慢吞吞地攻击之时，西军的兵力却得到了增强。

应仁元年（1467）六月二十八日，安艺、石见、备前、但马、备后、播磨六国大军经丹波进入京都。属于东军的西冈（京都西郊）武士试图阻止西军入京，因寡不敌众，惨遭突破。据说西军的援军有八万人。听到这个消息，经觉抱有疑问："八万人太多了。"(《经觉私要钞》)也有消息说援军的一半都在丹波待命，但即便如此，上京之数也达四万。过万的大军已经到达，这一点可以看作事实。

但是对于西军而言，最为重要的事当然是大内政弘的入京。二月的时候就有传言说大内政弘东进，细川胜元对此并未足够关注。(《毛利家文书》)细川胜元之所以要违背足利义政力主议和的意愿也要固执地讨伐西军，是因为他想在大内政弘上京之前取得较大战果，为东军赢得决定性的胜利。在胜元眼中，西军诸将的请降，无非是在为大内政弘上京争取时间罢了。

据说大内政弘于五月十日从根据地周防山口（现在的山口市）出发。此乃细川胜元等起兵之前之事，因为不太可能是大内政弘事先察觉了细川胜元等的计划，应该是为了维持强化正月的政变后所建立的新体制，应山名宗全的催促上京的吧。

大内政弘出发后，京都的战事开始了，因而大内政弘将军队分为海陆两队，花了两个月时间，缓慢进军。他是在观望京都的局势吧。七月十九日，大内军先头部队到达播磨室津（现在兵库县龙野市）。军船据说有五百艘。(《经觉私要钞》)二十日，大内政弘本人抵达兵库。(《大乘院日记目录》)政弘率周防、长门、丰前、筑前、筑后、安艺、石见、伊予八国武士随行。(《经觉私要钞》)据传总人数达数万人。(《大乘院日记目录》)

东军想要在大内军到达之前攻下斯波义廉宅邸，于是连日发动猛烈攻势（《应仁记》），然而却未能攻克。（《后法兴院记》）八月三日，大内政弘从兵库出发（《大乘院日记目录》），计划从陆路上京。细川胜元试图阻止大内军上京，因摄津池田市被策反，未能成功。（《后法兴院记》）

大内政弘于当月二十三日率三万大军上京，在京都南部的玄关位置东寺①布阵。（《宗贤卿记》《经觉私要钞》）永岛福太郎推测，三万人中包括苦力等非战斗人员，战斗人员为一万余人。二十日，东军知晓大内军靠近之后，解除了对斯波义廉宅邸的包围，二十三日将后花园上皇和后土御门天皇转移到将军御所。（《宗贤卿记》）这是为了不让上皇和天皇被西军劫走而采取的措施。

得知大内军入京，足利义政的亲信中有人和西军暗通款曲。震怒的细川胜元包围了将军御所。足利义政将与西军暗通者二十余人一起从御所驱逐出去，他们在糺河原被细川军袭击，三四人被杀，其余逃走。（《宗贤卿记》《经觉私要钞》）顺便一提，二十三日夜，足利义视逃往伊势国。（《公卿补任》《经觉私要钞》）他可能是害怕西军的报复。

大内军参战使西军声势大振，转守为攻，将武田军据守的三宝院义贤（满济的继任者）宅邸（法身院）烧毁。大内政弘从东寺北上，将阵营移到北野船冈山。（《经觉私要钞》）足利义政担忧战事激化，于九月八日再次向畠山义就送去御内书。内容是："虽然可能违背你的意愿，但为天下计，还请与山名宗全商量，各自回到自己领国去。河内国交给义就和政长两位分割治理。"

---

① 位于现在京都市区的南面，真言宗的重要寺院，地理位置重要，在日本南北朝内乱时期多次成为交战双方争夺的焦点。

(《畠山文书》）

　　足利义政仍然认为大乱的根本原因是两位畠山的争斗，只要政长和义就议和，战乱就将结束。毕竟东军大将细川胜元与西军大将山名宗全算不上不共戴天的仇敌，前一年他们还是盟友。争端持续十余年的唯有畠山氏而已，只要畠山氏的问题处理好，问题就能解决。足利义政会这么判断也不无道理。

相国寺

　　然而足利义政的讲和方案错过了时机。如今大内政弘已入京，靠畠山义就抽身就能结束战乱已不可能。西军无视议和方案，继续猛攻东军。特别是十月二日至四日，战况尤为激烈，将军御所以东的相国寺被完全烧毁，将军御所也被烧了一半。(《宗贤卿记》《后法兴院记》《经觉私要钞》《东寺长者补任》)

　　原本处于劣势的西军虽然转为优势，却未能给予东军决定性的打击。相国寺之战以后，洛中（京都中心部）没有再发生大规模战斗，战况陷入胶着。虽然这时候正是议和的好机会，但西军攻击将军御所的举动已令足利义政态度变得强硬。十月三日，应足利义政的请求，后花园法皇（九月二十日，上皇感到对大乱爆发负有责任而出家为僧）下达了处罚山名宗全的院宣[1]。(《经觉私要钞》《大乘院日记目录》)

---

[1] 由上皇（或法皇）的近臣（院司）奉上皇（或法皇）之命发布的命令文书，奉书的一种。

西幕府的诞生

东军谋划先发制人,拥足利义政,意图一鼓作气,一决胜负。西军召来大内政弘,毅然实施大反攻。双方都已经用掉了王牌,却未能决出胜负。短期决战的尝试受挫,战况陷入胶着。翻了年,战事依旧不止,心生厌倦的足利义政觉得现在是实现议和的时候了。

应仁二年(1468)八月,足利义政派遣使者去伊势,催促足利义视上京。为结束战争,有必要把所有利益相关者全都集中到京都来。足利义视应足利义政的邀请上京,九月二十二日进入东军阵营。于是足利义视向足利义政呈递谏言,请求他排除佞臣。(《碧山日录》)其中一位据说是日野胜光。(《后法兴院记》)

日野胜光是足利义尚派的首领,足利义视出于个人愿望想排斥他是理所当然的。然而,足利义视的请求让足利义政不高兴。足利义政非但没有接受足利义视的请求,反而在闰十月十六日让伊势贞亲重归政坛。(《后法兴院记》)

大乱爆发以来,足利义政一直未能发挥他的领导能力,这是因为他的好帮手伊势贞亲不在身边。再次任用伊势贞亲,应该是为真正推进战争结束做的准备。实际上,足利义视上京的九月下旬到十一月上旬,两军未在京都交战,寻尊甚至预想和平可能到来:"天下将太平了吧。"可是寻尊却对伊势贞亲重归政坛深表担忧,担心足利义政与义视的关系将会因此恶化。(《大乘院寺社杂事记》)

寻尊的不祥预感不幸言中。十一月十三日,感到危险的足利义视化装成平民逃出京都，逃往比叡山①。(《后法兴院记》)当月二十三日，足利义视从比叡山回京，竟然进入了西军斯波义廉的阵营。二十四日，大内政弘等西军诸将前来参见足利义视，尊他为将军。这样，事实上出现了两个将军并存的局面。西军模仿幕府，建立了自己的政治机构，这就是西幕府。

足利义政一面将足利义视召回京都，一面又把他逼入绝境，这种举措说实话很难理解。非要推测足利义政心里的想法的话，恐怕是他太小看足利义视这位没有自己权力基础的人物了吧。据说细川胜元曾劝说足利义视出家（《大乘院寺社杂事记》），这应该是斟酌了足利义政意向的提议。终于，此前还在担任东军主帅的足利义视，变成西军拥护的对象。对足利义政来说，这种结果完全是个意外。

足利义视虽然为了积累战功而积极讨伐西军，但他并没有实际参加战斗，也并不讨厌山名宗全这个人。根据家永遵嗣的考察，战前足利义视与山名宗全关系很好。对于西军而言，若拥立足利义视，头上那顶叛军的帽子就算摘掉了，这样的诱惑实在够大。足利义视与山名宗全利害一致，这个因私交与谋算而组成的令人震惊的组合诞生了。

正如目前为止各位所看到的，足利义政依势而动，立场上偏向东军，但对讨伐西军并不一定积极，反倒是在寻找议和的可能性。然而，随着西幕府的诞生，足利义政态度大变。十二月五日，依足利义政上奏，朝廷褫夺了足利义视及与他合作的公家们的官

---

① 比叡山（延历寺）位于京都东北角，是日本中世最大的宗教势力，地势险要，易守难攻。

位(《公卿补任》),甚至下发了讨伐足利义视的院宣,足利义视成为"朝敌"。(《大乘院寺社杂事记》)和平变得越来越遥远了。

战法的变化

井楼的使用

与两军最初的设想相反,战事陷入长期化的背景是战法的变化。首先是防御设施的进步,其中的代表就是井楼。所谓井楼,就是为在战场上侦察敌情,用木材堆成井字形而建造的瞭望台。但井楼不只是瞭望台,后面将提到,井楼上也备有武器,可以击退接近的敌军,也就是所谓的箭楼。本章第一节开头讲过的畠山政长的箭楼就是这样一个东西。

井楼与箭楼的使用并非从应仁之乱开始。应永六年(1399)的应永之乱中,固守和泉国堺(现大阪府堺市)的大内义弘,为防备幕府军攻击,构筑"井楼四十八、箭楼一千七百"。(《应永记》)幕府进攻乏术,足足花了三周来攻克堺。

然而应仁之乱中修建的井楼规模更大。据禅僧太极的日记记载,应仁二年(1468)四月十四日,西军山名宗全修筑的井楼高达七丈(约二十二米)多。(《碧山日录》)但是经觉则记录说,这个井楼的高度是一丈二尺(约三点六米)。(《经觉私要钞》)现在的两层楼住宅,从地面到屋顶横梁的高度超过六米。一丈二尺有些低,但七丈又太高了,经觉的记录应该更接近真实情况。四月二十五日,大内政弘在相国寺鹿苑院东南修筑"大西(井)楼"。

(《碧山日录》) 五月二十七日，东军也修建了大井楼。据说登上井楼便可以眺望"各军营"。(《碧山日录》)

根据经觉的记载，山名宗全在井楼上准备了石头和火箭。更有趣的是，经觉还记述说该设施是为"进攻细川城"而建造的。(《经觉私要钞》) 也就是说，经觉认为这并不是防御设施，而是攻城设施。

细想的话，井楼是在攻击敌城时也能派上用场的建筑物。为从与城墙同高或比其更高的位置发动进攻而修造的攻城塔，无论古今东西，都被广泛使用。在前面提到的应永之乱中，幕府军在强攻失败后，就修造了"井楼、箭楼"来攻击堺城。(《应永记》) 此外结城之战（第二章开始处有介绍）中，攻击结城城的幕府军也修造了"十余丈井楼"。(《镰仓持氏记》)"十余丈"应该是带有文学性的夸张，但攻城之际使用井楼却是事实。应仁之乱的巷战之中攻方也使用井楼，这一点历来并未引起关注，却是非常有意思的。

应仁之乱中还使用了攻城兵器。应仁二年正月，东军从大和国召集工匠，制作"发石木"。(《碧山日录》) 这就是投石机。

禅僧太极在听说此事后说："李密（隋末战争中的起兵者之一）曾制作攻城武器'机发石'。"介绍了中国的类似事例。太极甚至拿出自己的学识，继续追溯更早时代的例子："曹操也曾制发石车破袁绍，因其威力，被称作霹雳车。"(《碧山日录》) 这说的是《三国志》里面的插曲，说曹操军使用发石车（霹雳车）击毁了袁绍军的望楼。太极似乎想说，投石机是中国自古以来就有的兵器，没什么特别需要惊奇的。但反过来想，这却是被当时的日本认为稀罕的"新兵器"。应仁之乱促进了战术层面的革新,这是毫无疑问的。

御构的出现

前一节已有提到,在有关应仁之乱的日记资料中出现了"城"这一词汇,譬如"细川城""宗全之城"(《碧山日录》)等。这个"城"是什么呢?既然事实上已有攻城兵器的使用,这个"城"就不仅仅是一种文学性的修辞。

对于西军的布阵,寻尊记录道:"掘开大路、小路,以为城郭。"(《大乘院日记目录》)也就是挖开道路筑成的壕沟。东军也在以将军御所为中心的诸阵营外围挖掘了壕沟,筑成要塞。当时的史料称之为"御构""东构""东城"等。这种"御构"将公家、武士的宅邸乃至数百平民的居住区包围了起来。

随着战事的发展,京都各处筑起"构",即要塞。东西两军帮助公家筑造了壕沟。公家们出于自卫的目的,有的也自发地在宅邸周围挖掘了壕沟。为对付土一揆的来袭与盗贼,防备恶化的京都治安,在大乱以前,公家们已经在宅邸四围挖掘了壕沟,大乱爆发以后可以说实施的是扩建工程。高桥康夫从各种史料中发现了京都"构"的存在,据他的研究,主战场上京(京都二条通以北)就有武卫构(斯波义廉宅邸周围)、实相院构、白云构、田中构、柳原构、赞州构(细川成之宅邸周围)、御所东构、山名构、伏见殿构、北小路构、御灵构等。

笔者在前著《日本中世战争史》中也提到,本来巷战大多数是短时间决胜的。镰仓时代在镰仓都市区的战斗一天到两天就结束了。新田义贞灭亡镰仓幕府时，攻入镰仓之前奋力苦战，但攻入街区之后仅一日就将镰仓幕府军击破。南北朝内乱中时不时出现的京都争夺战中，最长的也无非半个月左右就能决出胜负。

但到了应仁之乱中，两军修筑壕沟与井楼等防御阵地，京都的巷战成了真正意义上的"攻城战"。两军不得不放弃了突击敌阵（敌城），一举攻克敌人据点的念头。阵地越成为要塞，双方就越倾向于使用弓箭或投石机等进行远距离作战。

众所周知，在第一次世界大战中，尽管两大阵营的首脑和国民都相信战争能很快结束，但因为战壕的使用，战争陷入长期化。应仁之乱也因为防御方处于优势地位，战况日趋胶着。

足轻的诞生

在这样的状况下，为打破僵局，新的战斗力量登上了舞台，这就是足轻。足轻指不着甲胄的轻装步兵。应仁二年（1468）三月中旬，东军动员足轻火烧下京（京都二条通以南）。这次作战的目的是对西军驻屯地及物资存放地予以打击，阻断其兵力和军粮补给。（《后汰兴院记》《后知足院记》）指挥此次作战的足轻大将，就是在《日本中世战争史》中也介绍过的那位著名的骨皮道贤。（《碧山日录》）

骨皮道贤在应仁之乱前被室町幕府侍所（维持京都治安的警察组织）雇用，称为"目付"。之所以他会被幕府任用，是因为他非常了解盗贼的动向。（《碧山日录》）可能是因为他自己本来就是盗贼出身吧。总之，这是与江户时代"目明"[①]（冈引）类似的群体。

[①] 江户时代，被町奉行的束员"与力""同心"私自雇用，协助追查、逮捕犯人的人员。

掠夺真如堂的足轻，《真如堂缘起》局部。真正极乐寺（京都府）藏

应仁之乱前后的侍所所司（长官）是京极持清，这其实算是个名誉职位，所以由京极持清的重臣多贺高忠担任所司代，全权负责实际工作。根据二木谦一的研究，多贺高忠未从主君京极持清那里获得一兵一卒，为维持治安，他雇用了牢人、恶党等。其中一人便是骨皮道贤，道贤协助东军，应该也是因为与多贺高忠的关系。道贤以伏见稻荷神社为据点，集结了三百名足轻，断了西军的粮道。（《碧山日录》）

西军对此感到担忧，于是在三月二十一日，派遣大军包围了稻荷山。（《碧山日录》《后法兴院记》《后知足院记》）西军本来的目的是处置协助骨皮道贤的稻荷社神官，结果很偶然地，道贤也在场。道贤正欲逃走，被畠山义就家臣所擒、斩杀。神官们的住宅也被放火，稻荷神社因此烧毁。偏袒西军的经觉评论道贤的结局为自作自受，寻尊却批判了畠山义就火烧稻荷社的行为。（《经觉私要钞》《大乘院日记目录》）

道贤死后，东军继续使用足轻。六月八日夜，东军足轻火烧宗全宅邸的高楼，据说因此受到了细川胜元的奖赏。当然，西

军也雇用了足轻。西军足轻大将中有位知名人物叫御厨子某，他本是东福寺门前町的居民，好勇斗狠，不继承家业，而是追随畠山义就。他纠集足轻，神出鬼没，通过游击战让东军吃了苦头。（《碧山日录》）

笔者在前著中介绍过，近年的研究将足轻的活跃看成一种大都市问题。也就是说，在慢性饥荒的过程中，大量人口从周边村落流入都市，形成了都市下层居民，人口逐步增加的都市下层居民就是足轻的最大来源。此外不容忽视的是，足利义教时期以后，因为将军肆意裁决，许多大名家反复起起落落。随着大名家的没落，失去职务的牢人等武士阶层也参加进来，下层居民和饥民们作为土一揆被组织起来，形成了强大的战斗力量。

另一方面，一些人则作为讨伐土一揆的力量被多贺高忠与浦上则宗（赤松政则的重臣）雇用。随着应仁之乱爆发，他们也成为足轻，被组织起来。土一揆与足轻，名称虽不同，但参加者的行动（掠夺、放火）却是一样的，两者是相近的群体。

足轻最被期待的功能是切断敌军补给、破坏补给设施。足轻发挥其机动性，掠夺、放火，疲敝敌军。但是，被掠夺和纵火的不仅是敌军，居住在京都的公家、寺院、神社和平民也遭受了巨大的损害。足轻的大量动员进一步导致了京都的荒废。

补给线争夺

截至应仁二年（1468）前半年，战斗在京都的街区进行，进入后半年，主战场转移到东山、山科、鸟羽等京都周边地区。这是为了确保本方补给线的同时，切断敌军补给线。

当时的京都是一个特别的大都市，为了养活庞大的人口，必须依靠从外部输送的物资。嘉吉元年（1441）发生嘉吉土一揆时，土一揆军封锁了京都的七个出入口（七口），陷入"京都之饥荒令人不能容忍"（《公名公记》）的惨状，这也成为幕府屈服于土一揆，听从他们的要求颁布德政令的原因之一。从这样的情况我们可以知道，如果运输线被敌军占据，驻守京都的军队势必陷入饥饿之中。随着应仁之乱的长期化，掌握京都近郊地区，便足以左右战况局势。

位于山城国中西部的乙训郡（现京都府向日市与长冈京市全境、乙训郡大山崎町、京都市南区及西京区、伏见区一部分）与葛野郡（现京都市右京区及西京区一部分）组成的一大片地区，在中世被叫作"西冈"。西冈分布着众多领主不同的庄园和村落，对桂川水资源的利用使得各村之间的联系加深了。这里的武士（当时称之为"侍"）非常团结，被称作"西冈众"。

西冈也是从西日本经西国街道或丹波道进入京都的必经之地。因为东西两军都要通过西冈，所以无论西冈的武士们愿不愿意，他们都被卷入了战乱之中。

西冈众在战乱前多数追随细川氏，大乱爆发后从属东军。应仁元年六月，西军畠山政国为救援畠山义就，率河内和纪伊武装向京都进军时，野田泰忠等西冈众试图阻止，遂率兵迎战。（《镇守八幡宫供僧评定引付》《野田泰忠军忠状》）西冈有东寺领属庄园上久世庄、下久世庄，这些庄园的百姓也相助武士们，与畠山政国军交战。因此，西军的斯波义廉利用自己身为管领的身份向东寺施加压力，要求他们不得协助东军。（《东寺百合文书》）应仁元年八月,大内政弘从兵库向京都进发时,西冈众进军摄津的神南山(今大阪府高槻市神内山)、芥川、入江,与西军交战。(《野田泰忠军忠状》)

虽然如此,西冈等京都近郊追随山名宗全或畠山义就的势力仍为数不少。于是,野田泰忠等就担负了在东军上京时,阻挡西军的干扰,确保去京都的交通线畅通的任务。这一任务在当时的史料中被叫作"向导"。(《野田泰忠军忠状》)

八月末,东西两军都盯上了这年新收获的稻米,于是纷纷出动。山名宗全向东寺要求"将上久世、下久世今年的田租收入作为军粮借用"。虽说是借用,但并没有要归还的意思,事实上就是征收。东寺向山名宗全送去礼物,得以免除征收军粮。(《镇守八幡宫供僧评定引付》)

然而,经细川胜元申请,幕府认可胜元对西冈实施"半济征收"。所谓半济,就是在战时将庄园田租的一半充作军费。也就是说,将原本需要交纳给寺社或公家等庄园领主的稻米的一半,交到细川胜元的手上。西冈的农民在受到幕府命令之后,开始将田租稻米搬运到细川阵营里去。在西冈的细川一方阵营中等待着的,当然是野田泰忠等西冈众。所以,这次半济征收,直接得利的并不是细川胜元,而是胜元麾下的西冈众。可以说这是对他们的奖赏。

斯波义廉知道这一情况之后大怒,招来东寺杂掌(负责涉外事务),对其表示郑重抗议,要求"命令上久世、下久世庄的农民不得向东军阵营运送粮食"。(《镇守八幡宫供僧评定引付》)

夹在东西两军之间左右为难的东寺试图单单取消西冈各庄园

中上久世和下久世庄的半济征收，于是贿赂幕府的官僚，获得了免除征收的许可。然而西冈众无视免除命令，仍欲实施半济征收。经上久世、下久世庄代表五人与西冈众交涉后双方达成妥协，两庄向西冈众支付五千匹（五十贯文钱），西冈众遂承认了半济的免除。东寺在向庄园运送五千匹的同时，也给五名交涉代表支付了报酬。(《镇守八幡宫供僧评定引付》)

到了应仁二年的收获时节，围绕田租稻米的争夺，双方展开了更为激烈的斗争。八月末，根据西军准备进攻西冈的军报，东军派遣援军，西冈众也与之会合。(《野田泰忠军忠状》)东军准备战斗，并开始在西冈征收军粮。因此，上久世、下久世庄取消向东寺交纳田租一事，令东寺十分为难。(《镇守八幡宫供僧评定引付》)

十月，战斗终于爆发。西军自京都而下，攻击西冈、鸟羽、下桂等。(《碧山日录》《后法兴院记》)西冈之中，上久世庄是特别的攻击对象。

原因出在这时担任上久世庄公文（庄园当地的管理人员）的寒川氏身上，寒川氏出自赞岐国，在细川氏的支持下得以就任公文一职。十月九日，西军"足轻众"攻入上久世庄，放火烧了各家，而后割了田里的稻子。寒川氏自己放火烧了宅邸逃走，二十二日夺回上久世庄。(《镇守八幡宫供僧评定引付》)

另一方面，下久世庄的公文们则在东寺与西军私自交涉，承诺交纳半济，于是免于遭受西军的攻击。(《镇守八幡宫供僧评定引付》)战乱中的人们如此顽强、坚强地生存了下来。

第四章

应仁之乱与兴福寺

别当经觉的献身

第四次出任别当

应仁三年（1469），大乱依旧持续。二月末，兴福寺别当东门院孝祐表示要辞任，他的继任者成了个问题。一般的惯例是权别当升任别当，但权别当西南院光淳却说"再等一两年"。于是又有了一乘院教玄再任别当的方案，却遭到了教玄的拒绝。战乱中兴福寺各庄园田租收不上来的现状之下，别当难以维持兴福寺的经营。大乘院寻尊的再任方案也被提出来，但也被寻尊拒绝了。（《大乘院寺社杂事记》）平时令人垂涎的别当之职，在战时却是多劳少得的差使，兴福寺的院主们互相推来推去。

第一章已述，幕府在这个时代也与兴福寺的人事安排有关联。兴福寺别当之职悬而未决，没完没了，对于幕府而言不是件好事。这时以足利义视为首的西幕府已成立，于是幕府越发期望新别当尽快就任。于是最后的办法竟然是拜托七十五岁的经觉再度出任。

经觉已经三次担任兴福寺别当。最初是应永三十三年（1426）二月到应永三十五年三月，第二次是大和永享之乱（参考第一章）激化之时，即永享三年（1431）八月到永享七年十二月，第三次是岳山城之战（参考第二章）时，即宽正二年（1461）二月到宽正四年六月。经觉总是在困难时刻被请出来担任别当，"麻烦的时候就请经觉出山"。

三月二十二日，依南都传奏①日野胜光的意思，九条家（经觉出身的家族）家臣信浓小路兼益拜访经觉住处。兼益传达了日野胜光想让经觉出任别当的意思。四度担任兴福寺别当，这是没有先例的，因此是十分光荣的事情，日野胜光试图以这样的逻辑说服经觉。

笔者已多次讲到，经觉一贯是偏向西军的。这是因为他与西军的越智家荣亲近，与东军的成身院光宣敌对。此外，为了保全越前的兴福寺领属庄园，他还与朝仓孝景交涉过，此后也维持着与朝仓的交流渠道。

应仁元年十月，后花园法皇发布处罚山名宗全的院宣，为与其对抗，西军诸将联名发布文书弹劾细川胜元。这一文书在送往兴福寺别当（当时是孝祐）处时，朝仓孝景委托经觉代为转交，可见二者之间联系之紧密。（《经觉私要钞》）对日野胜光来说，偏向西军的经觉出任别当绝不是他期望的，但此刻也别无他法了。

即使是经觉，这时也还是对出任别当一事犹豫了。天下大乱

---

① 南都传奏是处理南都寺社（兴福寺、东大寺、春日大社）奏请的职务。

之中，兴福寺领名存实亡。收入贫乏的现状之下，法会看起来也是无法运行的。加之经觉年事已高，对能否承担别当繁重的工作存有不安。经觉拒绝了。

然而日野胜光无视经觉的推辞，又通过朝廷下功夫。结果，朝廷于三月三十日任命经觉为兴福寺别当（第一章已述，兴福寺是官寺，形式上别当的任免权在朝廷手中）。四月四日，寺门杂掌（兴福寺驻京都代表）柚留木重艺来到经觉所在的迎福寺，向他传达了这一讯息。

经觉表示抗议："我既已拒绝，仍擅自任命我为别当，真是岂有此理。"重艺并不让步："当今之困局，其他人断然挺不过去。您年事已高，托您出山我亦于心不安，但为天下计，请您鼎力相助。这是朝廷和幕府的考虑。还有比这更光荣的事情吗？"经觉说："让我想想。"重艺于是离开了。（《经觉私要钞》）

但是，经觉"让我想想"这话只是形式上的应付，他心里已经决定出任了。当天，经觉向寻尊派去使者，对他说："之前对出任别当表示推辞，但现在已被强行任命了，没办法，只得就任。无论何事，今后拜托了。"寻尊约定相助于他。（《大乘院寺社杂事记》）

四月十日，经觉招来柚留木重艺，命他上京，托他转交其给日野胜光的回信。（《经觉私要钞》）经觉具有领袖气质，勇于任事，若是热心地请他出山，他便会应允。这一点与沉着冷静而万事慎重的寻尊正好相反。

供目代[①] 人事的调整

兴福寺别当有权任命自己的下属。四月十日，经觉就立即着手人事安排了。负责堂舍建筑和桥梁修理的修理目代继续让成身院光宣留任。经觉虽不喜欢光宣，但现在东西两军势力在伯仲之间，想要排除光宣等筒井一方势力单独运营兴福寺是不可能的。

其他的人事安排也很顺利，但意想不到的是，供目代的人事安排出现了困难。供目代是法会的执行人，在法华会、慈恩会、三藏会等论义法会之中负责确认学侣出席情况等事务。不仅如此，供目代肩负促成学侣集会等使命，政治意义重大，在众多目代职位中也是最高级。经觉想任命专心为供目代，也私下向他传达了这一想法。专心是个在诸法会中积攒学识经验的法会执行僧，具备担任供目代的资格。

然而，学侣一方却中止了他的计划。四月十日，两名使者代表学侣一方造访经觉，祝贺经觉出任别当，而后对专心出任供目代示以难色。专心出自番条氏，故无法同意。

番条氏是侍奉大乘院的众徒。大乘院的良家松林院兼雅以荒莳庄（今奈良县天理市荒莳町）为抵押，向番条的长怀法师借了钱。但是松林院兼雅不还钱，于是变成了死当。借款转移到学侣一方头上，学侣们遂要求长怀归还荒莳庄，长怀表示拒绝。（《经觉私要钞》）因此学侣一方与长怀陷入对立，虽经筒井顺永调停，但仍然不行。（《大乘院寺社杂事记》）应该是长怀受到六方众的支持而有了底气，变得强硬。这样，学侣一方就对专心出任供目

[①] 目代即代官，别当在某一事务上的代理人。

代表示反对。

学侣一方虽然有理，但从经觉角度来说，刚刚上任别当就被泼冷水，不是件有趣的事情。经觉已经决定在十三日举行任命仪式了，如今再要延期，会损害他作为别当的权威。于是经觉提议说："专心若长时间担任供目代，别当可能会偏袒番条一方，但如果任命之后立即让他辞任，就没有问题了吧。"

如经觉的提议，十三日专心就任供目代。本来计划是专心立即辞职，但继任候补兼实却推辞道："出任供目代所需的费用没有准备好。"（《经觉私要钞》）一旦就任供目代，就必须要大开宴会，请客吃饭，给那些照顾过他的人送礼，开销很大。最终，以专心起誓"不支持长怀"为条件，学侣一方承认了专心的在任。（《大乘院寺社杂事记》）

四月二十日，藤氏长者一条兼良的任命书送到，二十一日在古市的迎福寺举行了交接仪式。这样经觉正式成为别当，但他并没有回到兴福寺，而是继续住在古市。经觉这波澜起伏的第四次别当之旅开始了。

封印名字

作为学侣对番条长怀的惩罚，他们采取了"封印名字"这一措施。"封印名字"是什么意思？根据植田信广和酒井纪美的研究，把反抗寺社者的"名字"写在纸片上，将其封印，实施诅咒，就是"封印名字"。目前仅能在兴福寺、药师寺、东大寺等大和国寺院看到这种情况。这里选取兴福寺的事例。

由于僧侣的名字有时也被"封印"，这里的"名字"不是指苗字[1]，而是指能够指定诅咒对象的名（元服、出家等时接受上位者命名的情况称作"赐名字"）。封印名字的场所多种多样，或放入洗手池中，或封入内阵中，或钉在神社前。封印后，僧侣们聚集于南圆堂，念诵大般若经，实施降伏祈祷。封印名字与降伏祈祷是一个组合，两者都实行完毕后诅咒才结束。

实施封印的主体是学侣、六方众，或学侣与六方众一同，门主不能私自实施封印名字的行为。学侣或六方众要先举行"神水集会"，才能封印。集会之时，如果不获得全员赞同，共饮神水，对神起誓，也就是说不结成"一揆"[2]的话，是无法决意行事的。因此，封印名字的行为并非私刑，而是学侣、六方众这样的兴福寺决议机构依照一定的手续实施的"公"罚。

被封印名字的对象主要是众徒、国民等武士，平民是不会被封印的。众徒、国民等若妨害兴福寺的庄园控制，就被断定为兴福寺的敌人（"寺敌""佛敌"），遭到封印。

被封印了名字的人将会遭遇发病、发狂、猝死这样的灾祸。在那个时代，得病猝死者并不稀奇，如果是被封印名字的人猝死了，人们就会认为是诅咒在起作用。换言之，封印名字的行为，就是利用了中世人们对神佛的恐惧和信仰，是一种宗教制裁。但是，正如笔者在拙著《一揆的原理》中讲到的，中世的人们对神佛的信仰亦非绝对，若过多强调宗教性的恐惧，也是有问题的。

植田氏认为，将封印名字这一事实公示出来，不仅仅能发挥

---

[1] 日语里名字与苗字同音同义，相当于姓氏。
[2] 根据共同意愿组成的某种联合体。比如土一揆、德政一揆、法华一揆等。

咒术上的作用，也带有剥夺其武士身份的意思。虽然是否称得上身份剥夺，尚有讨论的余地，但实施者应该是期待该仪式所带来的贬低封印对象的社会效果的。

长怀的情况是，他的名字被封印在"五社七堂"。(《经觉私要钞》)五社就是春日社本殿的四殿和若宫，也就是指春日社全体，七堂指兴福寺七堂，即兴福寺全体。可能是被封印于兴福寺及与其一体的春日社境内各处了吧。然而，兴福寺寺僧并非一致团结排斥长怀，因为六方众（据寻尊的记载是六方众的一部分）支持长怀，所以对他的宗教和社会制裁并不彻底。

文明元年（1469，应仁三年四月二十八日改元）五月末，筒井顺永与古市胤荣的仲裁收到了效果，双方达成和解。长怀向学侣提交起请文，起誓约定归还荒蒔庄。于是学侣使节三人将封印于五社七堂的名字取了出来，诅咒被解开。(《大乘院寺社杂事记》《经觉私要钞》)

八月，为了集齐从长怀手中购回荒蒔庄的款项，兴福寺向奈良居民征收临时税。然而筒井顺永贪污了这笔钱，长怀大怒，和议于是破产。十月，兴福寺命令荒蒔庄的农民："长怀若来收取田租，不予理睬，直接交给学侣。"并命令邻接的布留乡（今奈良县天理市布留町），若长怀用暴力来取布留乡田租，布留乡五十余村一齐出击，支援荒蒔庄。布留乡答应了，学侣们天真地开心起来："太好了，太好了。"寻尊却很冷静，他在日记中说："借农民的力量，不是在助长损伤兴福寺权威的'下克上'行为吗？有什么可庆贺的。"这是比起即时性更重视长远影响的寻尊的感想。

这个问题一直纠结到文明元年末，最终如何收场无从得知。

幕府劝慰学侣说："京都的战事结束了就来击退长怀。"（《大乘院寺社杂事记》）然而战争仍然看不到尽头，这也就是个口头约定罢了。或许长怀就这样继续控制着荒芋庄了吧。

为处理以上这一系列争端，大乘院门主寻尊四处奔走，但我们看不到经觉积极参与的样子。对好管闲事的经觉而言，这倒是稀罕。松林院兼雅是大乘院的良家，番条长怀也是大乘院的众徒，所以经觉是在顾虑寻尊吧。

寺院管理重建的失败

就任别当之后，经觉立即着手重设兴福寺的管理。如前所述，经觉派遣柚留木重艺到京都，向日野胜光传达他答应出任别当一事，同时附加了就任的条件，那就是要求幕府支援管理改革。

兴福寺下辖众多庄园，大部分仅由代官代为管理，兴福寺并不能了解当地的状况。若代官能认真交纳从庄园收上来的田租的话，当然没什么问题，但由于战争带来的混乱，田租交不上来。为了改善这一状况，除了任命新的代官之外，时不时向庄园当地派遣调查员，视察当地的情况，考察代官的工作，就是有必要的了。这种不靠代官，由庄园领主直辖管理的情况称作"直务（直辖）"。然而，具有既得利益的代官当然会反抗。要排除他们的反抗，就必须有幕府做后盾。足利义政收到日野胜光的报告后表示"若有反抗者，应向幕府报告"，答应了经觉的条件。

山城国狛野庄是别当领地，经觉在第三次担任别当之时，将其交给东北院俊圆。此后的别当也认可俊圆对此庄的控制。于是在这次的别当更替之后，文明元年（1469）四月二十八日，俊圆仍希望继续管理狛野庄。

对此，经觉在书信中这样说："以前担任别当时，兴福寺管理顺畅，因而将狛野庄交给你。现在很多别当领地已有名无实，神事、法会经费不足，因此请您归还此庄。直辖管理的方针也是得到了幕府的认可的。"经觉送去书信，拒绝了俊圆的请求。

但是，俊圆执拗地希望保留狛野庄的管理权，终于表示"如此，我就向幕府上诉"。事实上俊圆是日野胜光的叔父。显而易见，足利义政会做出对俊圆有利的裁决。五月二日，经觉不得已承认了俊圆对狛野庄的控制权。俊圆向经觉送礼钱一千匹（十贯文钱），并承诺以后再呈上一千匹。（《经觉私要钞》）

接下来经觉盯上了龙门庄。龙门庄本是龙门寺（奈良县吉野郡吉野町的寺院）的庄园，龙门寺成为兴福寺的下属寺院之后，兴福寺别当获得了龙门庄的管理权。然而应永年间（1394—1428）以后，兴福寺委托多武峰寺管理龙门庄，多武峰寺每年向兴福寺上交一百五十贯文钱。因为当时判断，龙门庄离兴福寺远，委托离此庄近的多武峰寺管理会更有效率。

但宽正年间（1460—1466）起，田租的交纳常有拖欠。其中一个原因是经觉曾妨碍多武峰寺参与日明贸易（多武峰寺如此认为）。简言之就是出于对经觉的愤恨，拒交田租。经觉向幕府寻求支援，但由于中央政界的混乱与大和的战乱，事情未能很好解决，经觉未能如愿，就从第三次担任的别当职位上退职了。

第四次出任别当，干劲满满的经觉积极推进龙门庄的直辖。正当经觉寻找新的代官时，文明元年五月二十二日，一个叫岩坂狛源五郎的人毛遂自荐而来。他放出豪言："若将龙门庄的管理交给我，每年田租能收八百石左右。"粗略估计，按中世的行情，米一石等于一贯文钱。即便从八百石中扣除必要经费，也达到多武峰寺上交数额的三四倍。由于这话说得太好听，经觉在日记中写道："若真是事实的话，倒也是极好的。"

在委托多武峰寺管理之前，龙门庄是由兴福寺别当松林院长怀管理的。于是经觉于五月二十四日，向松林院兼雅借阅了松林院保管的有关龙门庄的古记录和文书。反过来说，目前为止的兴福寺别当对龙门庄的情况一无所知，甚至不想知道。

最终，小野、丸尾二人被选为龙门庄的代官。六月十一日，两人为致谢经觉，前来拜谒他。二人带了土特产酒樽和瓜果。经觉的亲信畑经胤与他们会面，两人将离开时，经觉也露了个脸，并赐给他们各自一件小袖。这是非常特别的优厚待遇，可见经觉对龙门庄的直辖管理是很有热情的。

此后经觉也向当地派遣使者，继续参与龙门庄的管理。即便如此，经觉仍对田租是否顺利上交很不安，八月二十四夜，他梦到龙门庄送来两棵松树，种在了道场东边。经觉写道："也不知是吉梦还是凶梦。"

经觉的不安不幸成为现实。八月二十九日，龙门庄来报，正要向兴福寺交租时，多武峰寺说："多武峰寺原本就是龙门庄的代官，这是兴福寺任命的，赶紧把田租交给我们。"收到报告之后，学侣回复"任命多武峰寺为代官并非事实"。学侣生怕夜长梦多，于是叮嘱经觉："请不要再这样不和我们好好商量就任命代官了。"

经觉与学侣协作，继续催促田租上交，却遭到多武峰寺的妨碍，以失败告终。(《经觉私要钞》)在天下大乱这一糟糕的外部环境面前，纵使经觉绞尽脑汁，也无能为力。

越前的情况

朝仓孝景与经觉

越前的河口庄和坪江庄，都是兴福寺大乘院重要的收入来源。因此，寻尊和经觉对越前战况的关心程度丝毫不比京都低。

经觉在战乱之前就与朝仓孝景保持着联系。朝仓侵略越前的兴福寺庄园，兴福寺与朝仓的关系陷入紧张，经觉便居中调停。通过与越前最大势力朝仓达成和解，兴福寺获得了河口庄等越前庄园的田租。

然而，伊势贞亲废黜朝仓的主君斯波义廉，将斯波义敏推上家督之位（因文正政变而失败），越前再度陷入混乱。应仁元年（1467）五月，趁朝仓孝景追随斯波义廉上京之机，斯波义敏侵入越前。一系列混乱之中，经觉的隐居资金来源河口庄细吕宜乡下方的田租交纳延迟了。于是经觉于应仁二年五月二十日派遣使者木阿到细吕宜乡，并命令他在途中与京都的越前守护斯波义廉及朝仓孝景交涉。

木阿是经觉的同朋众。提到同朋众，一般的印象是陪伴在贵人身边，以取悦贵人为业的艺人，他们在料理主君身边事务之时，很多承担着类似亲信近臣的职能。木阿不仅精通茶道，也担当传达人或使者。五月二十二日，木阿从京都的斯波义廉处获得书信一封，二十四日持信前往越前。(《经觉私要钞》) 有了守护的文书，就可以从不交田租的细吕宜乡那里收上田租了。二十几日时，经觉是这么考虑的。

但是，越前的情况比经觉想象得要严重。五月二十二日，西忍前来拜访经觉。西忍的父亲是天竺人（印度人，也有说是爪哇人或阿拉伯人），母亲是日本人。以下，根据田中健夫的研究简单介绍一下他。西忍的父亲来日后住在京都相国寺，经相国寺住持、深受足利义满信任的禅僧绝海中津推荐，得以侍奉当时的将军足利义满。这应该是看上了他拥有国际贸易方面的知识。西忍的父亲自称天竺圣。

西忍出生于应永二年（1395），与经觉同年。他幼名穆斯鲁，长大后取名天竺天次。足利义持继承义满的将军之位后，天竺圣被疏远，全家都被监禁。天竺圣死后，一家得以赦免，天次离开京都，来到大和国，在立野居住。天次以母亲的出身地河内国楠叶乡（今大阪府枚方市）的地名为姓，改姓楠叶。

楠叶天次娶了当地的国民戍亥氏的女儿为妻。永享元年（1429），长子元次出生。永享十年，经觉因触怒将军足利义教移住立野。经觉与天次交往密切，天次做了经觉的弟子，出家为僧。西忍这个法名就是经觉取的。在经觉失意的日子里，西忍对其安慰甚多，因而深受其信任，经觉复出后便重用他做自己的近臣。

根据西忍听到的传言，东军斯波义敏击破了西军朝仓一方的势力，将其逐出了越前。若这是事实，那么对依靠朝仓来实施的河口庄、坪江庄管理而言是个绝望的打击。慌乱的西忍向木阿确

认情况，木阿说："从未听过。"西忍判断这是亲东军者传出的谣言，但为防万一，还是报告给了经觉。(《经觉私要钞》)

然而，现实中越前的情况确实对西军越来越不利了。应仁二年闰十月十四日，古市向寻尊传来讯息。由于斯波义敏制伏了越前国大部分地区，朝仓孝景为讨伐义敏亲自奔赴越前。朝仓孝景离京对西军来说是个大打击，朝仓孝景表示"我儿子朝仓氏景会率兵二百留守京都，明年三月我就回京都来"，将西军诸将说服。(《大乘院寺社杂事记》)

当年十二月，有传言说朝仓孝景投降斯波义敏了。(《碧山日录》)次年，即文明元年（1469）七月十日，朝仓反叛的消息传到了经觉那里。由于朝仓孝景与斯波义敏结盟，留在西军的甲斐信久（甲斐常治之孙、敏光之子）变得孤立，形势岌岌可危。经觉何等绝望。但两天后，派去越前的使者传来消息说"朝仓反叛是个谣言"，经觉又安心下来。

受到不确切的消息的影响而忽喜忽忧的经觉显得多么滑稽。然而，由于自己庄园的命运已经与朝仓的动向密不可分，经觉变得如此神经质，也是没有办法的了。

楠叶元次前往越前

宽正三年（1462）以后，一位叫作禅住坊承栋[①]的金融业人士与兴福寺订立契约，就任坪江庄代官，管理当地。然而宽正六年，禅住坊未能收齐约定好的田租，于是辞职，寻尊便推举成身

[①] 名字中带有坊号，说明他是一位僧侣。中世从事金融业活动的主要是僧侣。

院光宣为继任者。(《大乘院寺社杂事记》)但这一方案未能实现,过了许多时日继任者仍未能选出。无奈的学侣只得派遣临时管理人员为使者前去,却未能收来田租。

应仁元年(1467),楠叶元次希望出任代官,经觉表示支持。如前所述,元次是西忍的长子。这时候,元次代替老迈的父亲上京与斯波义廉交涉,参与各种事务,成为经觉的股肱。

经觉的人事安排却遭到了学侣的反对,大概是觉得作为经觉亲信的楠叶元次可能不会听从学侣的命令,唯以经觉的意向为先吧。文明元年(1469)九月,朝仓孝景表示"希望早日选出继任者",已是别当的经觉于是再度推荐了元次。显而易见,经觉、楠叶元次、朝仓孝景绑在了一起。经觉努力说服了对元次不信任的学侣,成功让其出任代官。

十月五日,楠叶元次从奈良出发,经京都于七日到达越前。(《细吕宜乡方引付》)在京都逗留一日,是为了获取斯波义廉的文书。但是斯波义廉实质上是个傀儡,义廉的文书其实就是朝仓孝景的文书。经觉认为,庄园的农民们若知道他们背后有朝仓支持,也就不得不交租了。

不过,楠叶元次遭到学侣派遣到河口庄的使者武友及当地武士北方氏等的妨碍,未能收取坪江庄的田租。(《大乘院寺社杂事记》)

丢了面子的朝仓孝景震怒了。文明二年正月,回到兴福寺的楠叶元次向学侣转交了朝仓的书信,内容是:"兴福寺若不支持楠叶元次的话,我也就无法再为兴福寺做任何事情了。"(《经觉私要钞》)由于没有朝仓的帮助兴福寺就无法维持越前的领属庄园,所以这无异于对兴福寺的恫吓。

但是，这一书状并非朝仓盛怒之下所做，恐怕是事先与经觉一同谋划的结果。大概是为了让兴福寺内部反对楠叶元次出任代官的势力闭嘴，才特意采取了强硬措施吧。

此后，兴福寺内部讨论了这个问题。四月，楠叶元次管理坪江庄一事重新获得了认可。(《经觉私要钞》)经觉的目的达到了。

另一方面，寻尊却对过度依赖朝仓心存忧虑。楠叶元次暂且不论，坐拥强大武力的朝仓孝景是个难以控制的力量。当听到传闻说朝仓孝景意图夺取坪江庄时，寻尊感叹说，如果这是事实的话，"一庄灭亡"已无可避免了。(《大乘院寺社杂事记》)

对庄园领主而言，与强大武士的合作是一把双刃剑。他们可以利用武士镇压民众、抵御外部势力侵略，但也很可能成为狮子的腹中之虫。经觉试图积极利用武士，寻尊却希望尽可能与之保持距离。两者的态度截然相反。

经觉与寻尊

性格差异

本书在前面已适时介绍过，经觉与寻尊的性格正好相反。一言以蔽之，经觉主动，寻尊被动。

寻尊的日记《大乘院寺社杂事记》在战前印成铅字出版，与之相比，经觉的日记《经觉私要钞》最近才刊行。受此影响，研究者们在考察"上流阶级如何看待应仁之乱"时，主要使用的是

《大乘院寺社杂事记》。

历史学家看待寻尊的视线是冷淡的。寻尊称应仁之乱是天魔造业,将武士不敬公家、寺社,侵略庄园的行为视为神灵的惩罚。对于应仁之乱的原因,他未能给出有说服力的见解。因此,研究者们给他下了"总之仅仅是作为旧统治阶级一员对世道感到苦闷而已"的结论。

寻尊旁观者的态度也遭到了批判。应仁之乱中,奈良未遭战火荼毒,因此寻尊好像总把战争看成是与己无关的事。他虽挂念生活在京都的本家一条家的人,但对民众的痛苦并不关心。他的反战意识不过泛泛,换言之,"用词虽非常激烈,但言之无物,很没逻辑"。

之所以史学家对寻尊的评价低,原因之一是,战后历史学是以左翼史观为基调的。笔者在前著《日本中世战争史》中也提到,所谓左翼史观,就是把下层被统治阶级对上层统治阶级发起斗争、打倒统治阶级视为进步的历史观。以这一理论来评价应仁之乱的话,寻尊就属于应被打倒的统治阶级一边了。悲叹"下克上"的寻尊,就是无法接受武士和民众成长的现实,无力地只会发些愚蠢牢骚的庄园领主的象征。

但通过读《经觉私要钞》我们知道,不是所有的庄园领主都只知道发牢骚,也有的人像经觉一样主动出击,凭自己的力量克服战乱的影响。因此,单单站在寻尊的角度,强调没落贵族与僧侣的保守性,这一研究倾向是有问题的。

甚至可以说,有了经觉这样一个比较对象,也可以对寻尊的所为进行再次评价。正如第二章所述,在大和的筒井一方和越智一方对立时，经觉坚决站在后者一边。这与同纷争保持距离的寻尊形成鲜明对比。然而，虽然经觉全身投入，纷争却不仅未能中止，反而进一步恶化。在除此之外的很多问题上，经觉的介入都不一定就会带来好的结果。

事实上，大乘院寻尊对自己的前任经觉的做法是持批判态度的。寻尊认为，经觉担任门主期间，不顾将来后果，擅自做出短视的决定，以至于丢失了大乘院下属的大半部分庄园，田租也基本上收不上来了。(《大乘院寺社杂事记》) 在寻尊的认识里，他是在给经觉善后。

经觉的判断具有不拘先例、不遵成法的灵活性。但另一方面，他缺乏长远打算，只能应付一时。经觉在越智和朝仓身上费尽心力就是个典型。经觉个人虽无妨，但对兴福寺或大乘院来说，受武士摆布，一定会有所不满的。

在这一点上，寻尊一直沉着冷静。他不会对眼前发生的事情下轻率的判断，而是考察记录，调查了过去的相似事例之后再下决断。这一态度可以说是非常消极的，但大乘院虽然屡遭挫折仍能从大乱中生存下来，靠的正是门主寻尊的慎重。

关于政觉

经觉与寻尊在围绕寻尊继任者教育的问题上产生了分歧。寻尊的继任者就是将担任下任门主、已进入大乘院门迹的政觉。

政觉是二条持通之子，生于享德二年（1453）。宽正三年（1462）四月末，将军足利义政询问滞留京都的经觉，可否让二条家的子嗣做寻尊的弟子。经觉无异议，但仍有一个问题。二条家虽然是摄关家，但与经觉的本家九条家、寻尊的本家一条家不同，其子嗣不曾有过入大乘院的先例。中世的人们不喜欢没有先例的事情。

于是，在经觉提议下，二条家的子嗣做了将军足利义政的犹子。本来也可以做太阁（前关白）一条兼良的犹子，但为避免一条家和九条家因大乘院的控制权产生矛盾，就采取了成为将军犹子这一中立方案。经觉向奈良的寻尊派去使者，一面告诉他继任者确定的事，一面催促他上京，向将军致谢。（《大乘院寺社杂事记》《经觉私要钞》）

五月五日，寻尊上京，六日前往将军御所与足利义政会面，赠送了礼品。经觉也一同前去。足利义政命二人"好好照看他，各阶段的法会要好好指导他"。（《经觉私要钞》）而后，寻尊与经觉拜访二条家，与二条持通父子见面。（《大乘院寺社杂事记》）

十二月八日，二条家公子从京都出发去奈良兴福寺，进入大乘院，当时十岁。公子在第二年出家，法名政觉。

因为以上的过程，经觉认为自己是政觉的监护人。因而，围绕对政觉的指导，经觉与寻尊产生了分歧。应仁元年（1467）五月二十三日，经觉给寻尊送去书信，质疑政觉的学问（法相宗经典等的学习）没有进步，并提议从下个月起，让宽尊和贤英两位僧侣交替指导政觉，各自教满十五天。二十四日，寻尊回信说："照您的意思办。我也是这么考虑的。"（《经觉私要钞》）

然而寻尊五月二十三的日记中并没有记录收到经觉的书信一事。寻尊在二十四和二十五日的日记中记录说，命政觉下个月起开始读《成唯识论同学抄》，并让贤英指导他。（《大乘院寺社杂事记》)被经觉挑毛病，慌里慌张地开始为政觉的教育费心这一"不合适的真相"没有被记录下来。

经觉在应仁三年四月二十六日又教训政觉"不好好精进学问，岂有此理"。(《经觉私要钞》)政觉怎么说也是寻尊的弟子，经觉的介入对寻尊来说是越权行为。寻尊在日记里时常写道"自己不是经觉的弟子"，"经觉不过是隐居之身罢了"，他对在各方面插手大乘院内部事务的经觉的不满可见一斑。

说寻尊不考虑政觉的将来纯属无稽之谈。相反，他竭尽全力保证政觉适任门主。虽说是贵种僧，若不能在重要法会上熟练地承担竖义者之职，就没有担任别当的资格。寻尊于十六岁通过方广会竖义考试，十八岁通过法华会竖义考试，十九岁通过慈恩会竖义考试。政觉的经历则是十四岁通过方广会竖义考试，十七岁通过法华会竖义考试，二十岁通过慈恩会竖义考试，几乎与寻尊步调一致，可见寻尊是以自己为先例来安排政觉的学习的。

第一章提到，这个时期的竖义与其说是考试，不如说是仪式，正因为如此，寻尊才对政觉的排场费心不已。准备漂亮的服装、轿子自不必说，还安排了大量的随从，组织了华丽的队列。此外还举行了"大飨"这样的宴会仪式。

举办这一系列仪式的巨大费用，基本通过从大乘院所属各庄园征收的"段钱"解决。所谓段钱，就是以"土地一反[①]征收钱几文"的方式，向百姓们征收的临时税。

宽正三年，迎接政觉入大乘院之际，寻尊征收了入院段钱，

[①] 土地面积单位。段钱这里指按土地面积比例征收的一种赋税。

然而到了指定的日期，未交的庄园为数不少，寻尊于是命令众徒和国民对其实施武力讨伐。众徒、国民对出兵态度消极，但由于筒井、十市等派出属下去威吓，大多数庄园都交了税金。应仁二年政觉受戒、接受方广会竖义考试时，纵然处于应仁之乱之中，还是征收了段钱。这时众徒、国民也亮出了武力。后世的史学家读到这样的史实，难免对寻尊评价不高，这是可以理解的。

文明三年（1471），政觉接受慈恩会竖义考试时也征收了段钱。然而学侣、六方众表示反对。慈恩会是在法相宗祖师慈恩大师①的忌日十一月十三日举行的法会，是兴福寺"十二大会"之一。和兴福寺第一的法会维摩会及仅次于维摩会的法华会相比，规格较低。因而，他们批判道，没有必要夸张到征收段钱的地步。

对此，寻尊反驳说，良家、普通僧侣的慈恩会竖义，与有朝一日将成为门主的政觉的慈恩会竖义的重要性完全不同。且孝圆、经觉、寻尊历代门主在担任慈恩会竖义时都征收了段钱，那么这次也应该征收。虽然寻尊未说出"和你们这些身份低微之辈能一样吗"这种话，但气势汹汹，学侣和六方众或是被气势压倒，只能作罢。

不过，这时候征收段钱十分困难，不得不借助众徒、国民的力量。寻尊在日记中写下了向他们赠送谢礼的屈辱。

寻尊费尽心力征收段钱完全是为政觉考虑。这是为了通过盛大的法会提高政觉的权威。从现代人的角度来看，这无非是些让民众陷入困苦的"无意义的公共事业"，但身份秩序的稳定维持能够带来社会的安定与和平，寻尊的这一想法也并不是不能理解。

---

① 基法师（窥基），玄奘的弟子。

应仁之乱之中，大和未沦为战场，这与兴福寺权威尚在并非没有关系。筒井等众徒与国民虽有小规模冲突，但绝不会把他国的武装力量引入大和国来。其中一个原因就是为了确保兴福寺的法会及春日祭这样的仪式顺利举办。夸张点说，兴福寺的存在保障了大和国的和平。

乱中游艺

一条家避难

应仁之乱开始后，寻尊的父亲一条兼良从一条室町的宅邸搬到儿子严宝担任门主的九条随心院居住。一条兼良的家人到奈良去投靠寻尊了，但由于他身为关白，不能离开京都，因此搬到了京都的远郊居住。此后，一条室町的宅邸与文库桃华坊一同化为灰烬。

但随着战乱扩大，九条附近也并不安全。一条兼良最终下定了离京的决心，于应仁二年（1468）八月带着孙子一条政房及女官、家臣去奈良。(《大乘院日记目录》)大概是因为到这时候，受战乱影响，京都的朝廷处于停业状态，心理上的抵抗也消失了吧。不久，随心院严宝也避难到了奈良。

寻尊将大乘院下属的院家成就院提供给一条兼良等居住。一条兼良同族、从属官僚人数众多，而且作为寄食者，作为最高级贵族的一条兼良并没有要节俭生活的想法。为了维持他们庞大的生活开销，寻尊或是借钱，或是向大乘院领地征收段钱。

在寻尊的财力支持下，一条兼良一家的避难生活丝毫不亚于在京都时,既优雅又愉悦。当时,鹰司房平、政平父子,近卫房嗣、政家父子等多数公家为躲避战火都已疏散到奈良,因此他们并不缺少寻欢作乐的伙伴。

首先是连歌。当代数一数二的文学家一条兼良在成就院频繁举办连歌会。寻尊当然参加,经觉也经常参与。实际上,大乱之前经觉上京时,时常会到醍醐寺三宝院与三宝院义贤或一条兼良享受连歌的乐趣。以前就有私交,于是也就能心情畅快地到成就院游兴。其他的公家与大乘院门徒也会参加。

应仁之乱前,生活在京都的摄关家贵族与奈良兴福寺僧侣一起举行连歌会的机会是很罕见的。应仁之乱所产生的意料之外的文化交流给双方都带来了刺激。

成就院还经常举行宴会。文明二年(1470)二月三十日,一条兼良宴请鹰司房平、政平父子,一乘院教玄、经觉、寻尊等。一条兼良等俗人食鱼,经觉、寻尊等僧人吃斋。(《经觉私要钞》)他们"终日大酒",十分喧闹。(《大乘院寺社杂事记》)

一条兼良还对薪猿乐(薪能)感兴趣。文明二年二月,一条兼良请求经觉、寻尊找人在禅定院表演薪猿乐。每年二月上旬,作为兴福寺修二会[①]的附属项目,在兴福寺南大门和春日若宫会上演猿乐。此外兴福寺别当惯例会另选两日,将猿乐团队请到自己的僧坊表演。这就叫别当坊猿乐。但是,别当坊猿乐仅仅在担任过或即将担任

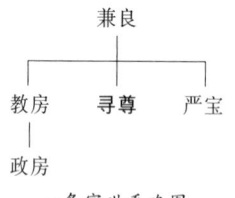

```
        兼良
   ┌─────┼─────┐
  教房  寻尊  严宝
   │
  政房
```
一条家世系略图

[①] 每年二月举行的定例法会叫修二会,正月举行的定例法会叫修正会。

一乘院、大乘院门主的人做别当时才会举行，其他院主就任别当时不举行。这时的兴福寺别当是前大乘院门主经觉，所以就在大乘院门主的居住地禅定院举办。

薪猿乐表演与酒宴一起举行，因为开销巨大，经觉内心里是不愿意办的。本来别当坊猿乐就不是正式活动，不过是别当的个人招待而已。但是，既然是一条兼良的愿望，就无法拒绝。经觉命令兴福寺四目代（修理目代、通目代、会所目代、公文目代）承担费用，果然，他们都有各种理由，不愿意付账。经觉斥责了找借口的四目代，寻尊也命令四人出钱。死了心的四目代各自交纳了一百五十匹（一贯五百文钱）。

最初的计划是在十一日举行，但大雨突降，延期到十二日。由于别当坊猿乐是只要与兴福寺有关的人，无论身份高低都可以观看，于是聚集了大量观众。古市胤荣也带着同族与家臣前来观看。坐在特等席的是一条兼良、鹰司房平、政平父子，随心院严宝等。出演的团队是金春座和宝生座，二者的演出都美轮美奂，令众人赞不绝口。（《大乘院寺社杂事记》《经觉私要钞》）

另外，禅定院入浴时，一条兼良、随心院严宝等也一同前来。经觉、寻尊、严宝还结伴去过己心寺的大浴场。（《大乘院寺社杂事记》《经觉私要钞》）奈良原本就盛行入浴泡澡的文化，经觉、寻尊更是特别喜爱。一条兼良、严宝来到奈良后，也对奈良的浴场着了迷吧。

古市的"林间"

在古市迎福寺的经觉的乐趣之一，是古市氏举行的"林间"。

在《经觉私要钞》中出现的"林间",战后很快引起了关注。堀内他次郎注意到从浴场出来后饮茶这一现象,将其称为"淋汗茶汤"。

此后,"淋汗茶汤"的研究得到发展,一般是从茶道史的角度来进行论述,关注点主要集中在茶汤方面。近年来有学者提出批判,称入浴和饮茶并非不能分开,饮茶仅仅是入浴后休闲活动中的一项而已。因此,有必要结合《经觉私要钞》中有关"林间"的史料再次予以考察。

且说,经觉日记中记录的"林间",正如先前的研究所述,其实指"淋汗"[①]二字。"淋汗"是禅宗用语,指禅宗寺院中夏季入浴之事。因此,"林间"基本可以理解为入浴招待。

在中世,烧水入浴是招待客人的一种方式,因而举行"林间"的不单是古市氏。经觉上京时,经常顺便到醍醐寺三宝院落脚,在那里受到"林间"招待。

然而,古市胤荣招待的"林间",比世上一般要豪华得多。我们来看文明元年(1469)的例子。这一年从五月二十三日开始。经觉命令仆人们协助古市胤荣同族、家臣一同烧水。浴场准备了茶汤,茶有上等宇治茶与下等的椎茶两种——或许是为了斗茶(品茶),还有白瓜二桶、山桃一盆。此外莲叶上盛有素面与食盐。这里的素面与其说是面,可能更接近于烫荞麦糕。另外有装了酒的一斗樽五个。

这样看来,"林间"不只是饮茶,还包括饭食和饮酒。入浴之后,举行了宴会。七月十日的"林间"中,所有的参加者都喝得

[①] "林间"与"淋汗"日语读音相同。

酩酊大醉。

此外，浴室还装饰有插花、屏风、挂画、香炉等。古市乡的农民们也前来看热闹。八月三日"林间"时，不是在浴池，而是在水槽之上漂浮着锦缎制成的富士山，让人联想到现在澡堂里画的富士山。八月六日"林间"时，经觉记录道："水池上做蓬莱山，龟之头朝西，龟口有酒吐出，甚为精巧，龟之四足为水池四方角。"中国古代的神话中，有背负蓬莱仙山的大龟（灵龟），因而，应该是水池本身被造成大龟的形状。龟口中吐出的不是热水而是酒，这完全就是个酒池肉林的世界。

现在的祭典活动中，人偶等道具与神轿都是绝不可少的，中世称其为"风流"或"造物"。模仿富士山或灵龟铸造的工艺品是风流的一种形式。由于这种"风流"在一次使用之后就会毁坏，无法再利用，工钱与费用不可小看。

古市胤荣策划的豪华绚烂的"林间"可谓前无古人后无来者。寻尊也入浴了，但未曾赏玩"林间"。可以说这是古市胤荣的个人兴趣。即便是古市胤荣，如此浮华的"林间"，也只在文明元年这一年举办了而已，大概古市乡的"林间"仅仅风靡了一瞬就消逝了。

无论如何，在应仁之乱当中还能举行如此豪华壮丽的游兴活动，实在令人震惊。也许无论对经觉还是对古市胤荣来说，京都的战事，不过是隔岸观火罢了。

第五章

众徒、国民的挣扎

中世都市奈良

奈良的居民

本书是以在奈良活动的经觉和寻尊为焦点人物来描写应仁之乱的,然而究竟奈良是个怎样的都市,有什么样的人居住在那里,下面根据安田次郎的研究来进行一个简单的说明。

过去奈良曾为建都之所,即平城京,因为位于京都以南,也被称作"南都"①。如第一章所述,因为平氏火烧南都,兴福寺和东大寺被熊熊烈火吞噬。大乘院也被烧毁,此后大乘院门主居住在唯一幸免的禅定院之中。中世都市奈良就是在火烧南都之后的复兴当中再生的。

兴福寺周边有数十个小乡,兴福寺设置七个乡,作为统辖这些小乡的行政单位。这七个乡就是南大门乡、新药师乡、东御门乡、北御门乡、穴口乡、西御门乡和不开门乡。战国时代

---

① 中世时作为都城的平城京已不复存在。"南都"一词主要在佛教语境中使用,常常与"北岭"(延历寺)并列,指兴福寺为首的大和国诸寺院。

的文献称它们为"南都七乡"。此外还有大乘院乡、一乘院乡、元兴寺乡等。每个乡中，除了寺社中的僧侣之外，还有为寺社服务的商业、手工业从业人员及艺人居住。这些都市居民被叫作"乡民"。

乡民从属于兴福寺或东大寺、春日社，或大乘院、一乘院（兴福寺的院家）、东南院（东大寺的院家）这样的某一个南都寺社。他们从寺社得到公人、神人、寄人等身份，获得一定特权。作为交换，他们要为寺社承担一定义务。比如说，一些乡民通过向兴福寺献纳灯油，而从兴福寺获得了作为卖油商人进行贸易的自由和权利。就是这样一个状况。

除了获得身份所附带的义务之外，南都七乡还要承担兴福寺的劳役，也就是住民税。其中有名的有七乡人夫役。这是兴福寺别当为开展建筑工事或法会等，而从七乡征调人力的一种劳役。

宽正六年（1465）十月，大乘院寻尊请求当时的别当松林院兼雅征调七乡民夫三十人。但是，负责奈良市政的官符众徒首领筒井顺永认为七乡居民承受劳役繁多，甚为疲敝，于是告诉兼雅"请不要让别当以外的人使用七乡人力"。然而如前所述，松林院是大乘院下属的院家。对兼雅而言，寻尊是他的主君，纵然他高居别当之位，也不能断然拒绝寻尊的请求。无可奈何之下，兼雅从荒蒋庄等松林院的庄园调遣了人力三十人，交与寻尊使用。（《大乘院寺社杂事记》）

筒井顺永在文明二年（1470）将自己差使的民夫限定在每年三百人，同时也限定了别当所能差使的人数。（《大乘院寺社杂事记》）这样看来，筒井顺永也并不一定对兴福寺唯命是从，他也重视奈良乡民们的态度。若得不到都市居民的支持，想要治理奈良这样一个都市是不可能的。

御祭

现在仍在延续的春日若宫祭礼，即"御祭"，一般认为始于保延二年（1136）担任关白的藤原忠通。然而安田次郎对这一定说予以质疑，他认为这一祭礼是从兴福寺开始的。本书赞同安田氏的意见。

御祭的核心是迁幸之仪和还幸之仪，也就是将若宫神从若宫本殿请至御旅所，次日再从御旅所请回本殿。若宫神的载体是附于神木之上的神镜，宫司手托神木，向御旅所走去。另有神官数十人围成几重，与宫司一同手捧神木，守卫神灵。开路的神官通过长啸、雅乐和熏香共同制造出神秘的氛围，让中世人获得一种毛发悚然的感觉。

御祭之中不只有兴福寺僧侣，大和武士（众徒、国民）也以流镝马十骑的形式参与其中。此外，御祭举行之时，春日神人会被派遣到大和国东西南北四境结界。于是，大和国全境成为圣域。御祭是大和一国全体动员的大规模祭礼，是兴福寺支配大和全境的象征。

在平安、镰仓时代，御祭的日期是九月十七日，十五世纪时原则上在十一月二十七日举行。具体来说，十一月二十六日是迁幸之仪，二十七日是还幸之仪，二十八日举行猿乐和田乐。即便在应仁之乱中也并无间断，年年举行。

流镝马的时间是二十七日。在众徒和国民独占流镝马任务之后，长川、长谷川、平田、葛上、乾协、散在六党轮番上阵，担当流镝马射手，即：

第一年　平田　乾协　散在

第二年　长川　长谷川　散在

第三年　平田　葛上　散在

第四年　长川　长谷川　散在

第五年　与第一年相同

在这一顺序确定之前，围绕流镝马的顺序，众徒和国民纷争不断。对他们来说，流镝马是向人们展示自身武艺的盛会，第几个上场射箭，是关系家族名誉的问题。

但是，在顺序确定前后，成年男子不再担负流镝马任务，改为由稚儿出任，流镝马的性质发生了转变。中世的稚儿类似于偶像，面容俊俏、衣着华丽的稚儿令众人疯狂。众徒和国民不再是射手，以愿主人（事务执行人）的身份参与其中。

此外，古市不属于其中任何一党。另一面，古市氏在大乘院家的坊人当中地位优厚，具有能在门主那里出家的特别资格。由于古市氏的据点离奈良近，古市氏相对于兴福寺的自立性较弱，比起武士，他们的身份更接近僧侣。

古市作为武士登上舞台，是在古市胤荣的父亲胤仙的时代，其方法也颇有古市之风。胤仙将经觉请到古市，利用其权威扩张了势力。虽然如此，胤仙并不只是依赖旧统治阶级的守旧派，反而经常违背兴福寺的意思，犯下"恶行"。胤仙猝死之时，寻尊评价道："此乃春日大明神的惩罚。"（《大乘院日记目录》）

与之相比，古市胤荣给人的印象是对旧体制保持恭顺。后面将会提到，他发挥主体性主要是在文化层面，而不是政治层面。

古市的盂兰盆舞

盂兰盆，即"盆"，指旧历七月十五日前后数日举行，为死者超度的活动。也就是将包括祖先在内的亡灵迎入自家供养，而后又送回彼世。

盂兰盆时，为供养诸灵，可以读经或念佛。但到了十五世纪，全国各地都在流行所谓的"念佛风流"。这是由念佛与各种演出组成的活动，核心是一边念佛一边跳舞的"跳舞念佛"。此外还有使用其他道具的华丽化装队列，以及非专业演员表演的相扑、猿乐、狮子舞等。

盂兰盆的念佛风流在奈良大为流行，但长禄三年（1459），六方众禁止夜间的念佛风流。寻尊表示赞赏："非常好。"宽正五年（1464），白天的念佛活动也被禁止了。文明元年（1469），筒井顺永等官符众徒发布奈良念佛风流禁止令。寻尊对禁止念佛风流表示赞同，但对连念佛也一并禁止抱有疑问。

寻尊之所以反对禁止念佛，是因为他觉得听不到孩子们的声音和法螺、钟声，这鸦雀无声的盂兰盆让人毛骨悚然。但他又支持禁止念佛风流，是因为风流的队列与兴福寺嗷诉相似。对注重秩序的寻尊来说，风流或者嗷诉的喧嚣是应当禁止的。

六方众与众徒为什么禁止念佛风流呢？安田次郎认为是为了"维护治安"。的确，大量平民参与御祭，人们异常兴奋，容易发生口角和矛盾。此外，兴福寺对下级僧侣专注念佛风流，怠于准备法会而感到忧虑。（《大乘院寺社杂事记》）

前一章提到，古市盛行汤浴，文明元年七月，古市的烧水炉坏了，修理费高达三千匹（三十贯文钱）。如何征调资金是个问题，古市胤荣想到了之前奈良发布的念佛风流禁止令。于是，他想为这些因没机会跳舞而遗憾不已的奈良及近郊居民们提供一个跳舞的场所。

古市胤荣设置了一个小屋，在里面可以跳舞，每个进场者需要交费。安田次郎称其为"日本最早的收费舞厅"。并且，古市胤荣命令古市乡的农民每家派人参加，聚集大量男女同舞。这是一种招揽顾客的手段。听到传言，很多人从奈良等地赶来，看到其他人兴高采烈地跳舞的样子，越来越多的人被吸引进去。南北出入口有人值守，据说每人征收入场费六文。此外还建造了两轩茶屋。经觉则站在看台上，观看人们舞蹈。（《经觉私要钞》）但对念佛风流持否定态度的寻尊没有前去观看，而是留在了奈良。（《大乘院寺社杂事记》）

古市胤荣的生意取得了很大的成功，聚集了三千人。每个人征收六文钱的话，总收入就是十八贯文钱。加上茶屋也有收入，于是，和计算的一样，烧水炉的修理经费几乎挣到了。前一章的"林间"也是，这些事迹均可见古市胤荣在策划和举办文娱活动方面具有非凡的才能。

古市胤荣年仅九岁就在盂兰盆风流中担任伴奏，是个天生善于游艺的人。收费跳舞既能挣钱，更能娱己。说起来，烧水炉本身也是个娱乐设施，在应仁之乱之中投入大额经费修理烧水炉，这种想法普通人是绝不会有的。

大乱的转折点

成身院光宣的死

文明元年（1469）七月末，前年大乱爆发以来，在京都作为东军一方活动的成身院光宣回到了奈良。醍醐前由细川、赤松军护卫，醍醐后由前来迎接的大和武士五百人护卫，保证光宣途中的安全。（《大乘院寺社杂事记》）光宣在应仁之乱初期是东军的中心人物，大为活跃。此后，随着东军增援部队陆续入京，他在东军内部的存在感日益降低。光宣大概是为了重整旗鼓才暂时返回自己的据点奈良吧。

十月末，光宣率军奔赴宇治真木岛氏的宅邸。光宣意欲再度上京，终因身体不适，未去京都而返回奈良。十一月二十日，时年八十岁的光宣去世。（《大乘院寺社杂事记》）筒井顺永的次子筒井顺宣继承了成身院。

寻尊对光宣的情感是复杂的。光宣长年作为六方众一员为兴福寺尽心尽力，在为春日社神事和兴福寺法会等筹措经费方面出了不少力。寻尊称赞光宣是"大正直之人"。

另一方面，寻尊又评价光宣说"如今天下大乱，皆是此人谋略所致"，视其为应仁之乱的元凶。他对光宣身为僧侣却积极参与战事持批判态度，在日记中写道："他简直和平清盛（平清盛出家后仍掌握政治实权，专横跋扈）一样。"

关于寻尊对光宣的评价，也有学者认为他过度强调了光宣的作用。身在奈良的寻尊，对于京都正进行着的应仁之乱的全貌并不能完全把握，他只能从光宣等兴福寺相关人物那里获取情报，推测战况，自然而然就做出了光宣是应仁之乱的幕后推手，以及东军的参谋这种过高的评价。

确实，寻尊有过高估计光宣的活动的倾向，但笔者以为，光宣是应仁之乱的关键人物这一事实是无可撼动的。应仁之乱爆发的原因多种多样，直接导火索是畠山氏的家督之争，将军足利义政试图通过努力解决畠山问题来结束战乱也可以证明这一点。

然而，畠山氏的家督之争越发恶化、复杂化，并不仅仅因为足利义政举棋不定，一直支持着弥三郎、政长兄弟，与义就彻底抗战的成身院光宣和筒井顺永的存在感是非常巨大的。军事上较弱的政长若无筒井氏的援助，是不可能与畠山义就对抗的。从这一点上来讲，"光宣就是招致大乱的罪魁祸首"，寻尊的这一评价正中靶心。

但是，光宣的活跃时间基本上仅限于应仁元年（1467）这一年间。随着战乱的大规模化和长期化，最多只能动员数百兵力的光宣的出场机会就减少了。京都的战事已经不是光宣所能处理得了的了。即便光宣还能再稍微多活一段时间，也无法再左右战乱的走向了。

话虽如此，至少在大和国一国之内，光宣的死还是带来了巨大的冲击。筒井顺永的政治影响力正在降低是难以掩盖的，此后，东军一方在大和陷入了艰难的境地。

朝仓孝景倒戈

文明元年（1469），畠山义就制伏西冈，大内政弘攻入摄津国，西军攻势仍在持续。应仁二年（1468）十一月西幕府成立后，明确支持东军的将军足利义政和政所执事伊势贞亲为打开局面，谋划弱化西军。

说起来，应仁之乱一直无法看到结束的兆头，也是因为东西两军战力势均力敌。为打破这一均衡，有必要实施策略，砍掉西军一角。

他们的目标是斯波义廉军。斯波义廉不过是傀儡，实际指挥义廉军的是朝仓孝景。而且越前目前斯波义敏一方处于优势，朝仓孝景陷入苦战。这时已经出现了即便孝景倒戈东军也不足为奇的状况。

足利义政对朝仓孝景的劝诱从应仁二年开始，文明元年以后变得正式。伊势贞亲在文明元年七月二日的书信中说："您加入我军，竭尽忠诚一事，实在是神妙之至。"（《朝仓家记》）由此看来，朝仓孝景已经认可了向东军倒戈一事。

然而，朝仓孝景完全没有采取具体的军事行动。大概越前的朝仓孝景知道京都近郊的西军处于优势，对与西军的决战态度消极。伊势贞亲在十二月八日的书信中说"请尽快建立战功"，催促孝景出兵。（《朝仓家记》）

与朝仓孝景关系密切的赤松政则，以及政则的重臣浦上则宗也来说服朝仓孝景。对此，孝景要求任命他为越前守护。现任越前守护是东军的斯波义敏，想要剥夺义敏的越前守护一职交给朝仓孝景，根本是不可能的。但是，足利义政和细川胜元无论如何都想把孝景拉到自己这一方，遂于文明三年五月二十一日承诺"以后任命你为越前守护"，将朝仓孝景拉拢过来。（《朝仓家记》）

当年六月八日，留在京都的朝仓孝景的嫡子朝仓氏景跑到东军细川成之的宅邸去。氏景于十日获准谒见将军足利义政。(《经觉私要钞》)越前的朝仓孝景也出兵到今立郡河俣（今福井县鲭江市上河端町）。(《东国御阵之次第》)这样，朝仓孝景倒戈东军一事，就已经众人皆知了。

为讨伐朝仓孝景，西军甲斐敏光前往越前。足利义政"任命你做越前守护"的承诺未得到履行，朝仓孝景陷入苦战。八月五日，寻尊收到了朝仓战败的消息。据消息称，朝仓孝景当时自称越前国司，身着立乌帽子及狩衣，举止如贵族一般，越前的武士因他的骄傲而愤怒，于是背叛朝仓，朝仓遂败于甲斐一方。(《大乘院寺社杂事记》)

寻尊虽对朝仓孝景的桀骜不驯予以批判，但据大薮海的研究，孝景之所以僭称国司，乃是因为东幕府完全没有任命他为越前守护的意思，遂使出了苦肉计。然而，已经名存实亡的国司头衔无法拉拢武士，在西军的越前守护代甲斐敏光面前只能惨败而归。

身着立乌帽子及狩衣的传言怎么看也不像真事，但无论真伪，寻尊无疑对朝仓地位上升非常不痛快。朝仓这样的卑微之人竟身处高位，身份秩序扰乱，对处于最上层阶级的寻尊来说是不可容忍的。

寻尊的这种守旧性一直为研究者所指摘。但另一方面，由于朝仓归降东军，越前的兴福寺大乘院所属坪江庄的田租收入情况好转，让寻尊十分欣喜，这也是事实。如果说他是个势利之人确实也是如此，但不可忘记的是，寻尊绝不是一个只执着于观念而没有生活能力的人，他对现实的判断非常准确。

顺带说一句，下一章将会提到，朝仓孝景重整旗鼓后，击破甲斐氏，平定越前。越前是通向京都的重要补给线，东军完全控制越前之后，东军的优势地位就确定下来了。朝仓孝景的倒戈是战局的转折点，这已是学术界的共识，可见，足利义政的判断是正确的。

西军拥立后南朝后裔

应仁之乱长期持续的过程中，南朝皇子的后裔们趁着混乱蠢蠢欲动。文明元年（1469）十一月，南朝后裔兄弟一人在大和国吉野深处，另一人在纪伊国熊野起兵。（《大乘院寺社杂事记》）

后南朝势力起兵令西军非常关心。西军虽拥立足利义视，但足利义视终究不过是将军的弟弟而已，而且还被后花园法皇打上了"朝敌"的烙印。在大义名分的层面上，西军仍然不如东军。因此，通过直接推戴继承南朝皇族血脉的后裔为天皇，来与东军的天皇、将军权威对抗的构想诞生了。最先想到这一办法的是越智家荣。越智家荣的父亲越智维通在大和永享之乱中曾与后南朝势力合作，家荣与后南朝势力有亲近感。

然而，"南帝"推戴方案让畠山义就颇有难色。若拥立新大皇，就需要向新天皇献上领土。在这种情况下，就要献上后南朝势力的核心、楠木氏势力范围内的纪伊和河内两国，但两国都是畠山义就的领国。畠山义就不愿意割让自己的领地，遂表示反对。但经足利义视与西军诸将的劝说，畠山义就最终同意。

在熊野起兵的南朝后裔（弟弟）接受畠山义就的支援，进入纪伊国海草郡的藤白（今和歌山县海南市）。在吉野起兵的南朝后裔（兄长）进入与越智氏有关的壶坂寺。文明二年后，南朝势力活跃，应该是因为成身院光宣病逝后，大和的东军势力消退所致。

文明三年八月，南朝后裔（兄长）离开壶坂寺，经古市最终进入京都。西军将这位"新主上（新天皇）"迎请到北野松梅院（北野天满宫的院家），此后由于警备上出了问题，于是又转移到西阵附近一个叫安山院的尼寺。这是因为该寺院的住持是山名宗全的妹妹。南朝后裔（弟弟）也上京与其同住。（《大乘院寺社杂事记》）闰八月，他们又转移到二条家，计划有朝一日进入内里[①]。（《经觉私要钞》）

关于"南帝"的出身，当时众说纷纭，寻尊记录说，可能是后村上天皇（后醍醐天皇皇子、南朝初代天皇）的后裔，也可能是小仓宫之子，他将众多不同的谣言记录了下来。最可信的是小仓宫后裔、冈崎前门主的子嗣吧。（《大乘院日记目录》）年龄据说是十八岁。

根据将妹妹所在的尼寺提供出来这一情况来看，在拥立南帝一事上最为积极的大概是山名宗全吧。而起初赞成拥立的足利义视，此时却对迎接南帝入京表示反对。西军诸将在向入京后的南帝行臣下之礼时，据说足利义视没有行礼。（《大乘院寺社杂事记》）

足利义视为什么会转变态度呢？最重要的原因大概是朝仓孝景的背叛，使东西两军的均衡态势被打破吧。足利义视对西幕府

[①] 天皇的居所。

的未来感到悲观，开始寻求与兄长足利义政和解。在这种情况下，拥立南帝，对足利义视而言有百害而无一利，实乃愚蠢之策。

寻尊也对拥立南帝表示质疑，认为这将"导致公家灭亡"。南朝、西幕府体制成立，是对北朝、东幕府的权威针锋相对地否定，有可能从根本上颠覆室町时代的社会秩序。熟知历史的寻尊，一定想到了南北朝内乱的悲剧吧。

偏向西军的经觉也对拥立南帝表示忧虑。他叹息道："东西两军的争斗越来越难以结束了。"应仁之乱原本只是幕府内部的权力斗争，随着南帝的拥立，又进入了一个新的阶段。也就是说，室町幕府失去了作为"北朝的军队"守卫"室町的和平"的职责。

古市胤荣的悲剧

家臣们的反叛

文明二年（1470）七月十九日，大内政弘军进攻京都近郊的劝修寺，东军逸见弹正自尽。（《经觉私要钞》）大内势力甚至进攻醍醐和山科。（《大乘院寺社杂事记》《经觉私要钞》）七月末，从属细川胜元的"山城国十六人众"大部分投降大内政弘，剩下的狛氏和木津氏下落不明。（《大乘院寺社杂事记》《经觉私要钞》）

从木津（今京都府木津川市木津）徒步到兴福寺只需要一个半小时。与奈良近在咫尺的南山城地区落入大内氏的控制之下，令兴福寺和大和武士大惊。为避免大内军进攻大和，兴福寺学侣命令筒井、箸尾等细川一方的大和武士退出奈良，将奈良的防御交给丰田、丰冈、古市等。(《大乘院寺社杂事记》)但筒井依旧赖在奈良不走。

大内政弘的活跃对于西军一方的古市胤荣来说是个扩大势力范围的好机会，但胤荣却没时间因为大内军的进军而欣喜，就在他的脚下发生了大规模的骚动。

文明二年六月，古市的家臣们扣押了古市运往伊势的货物。禁止从自己的领地输送物资，是一种经济封锁，当时被叫作"荷留"。战国时代，今川氏真为制裁武田信玄，曾禁止从骏河向甲斐输盐，这是很有名的事例。

本次扣押是奉了兴福寺的命令。因为伊势北畠氏的家臣侵害了兴福寺的利益，兴福寺遂封锁前往伊势的道路，向北畠氏施加压力。(《大乘院寺社杂事记》)古市胤荣接受了兴福寺的命令，让家臣与民众实行。得到掠夺许可，家臣十分欢喜，将送往伊势的货物顺手没收了。

但是古市的家臣却失手将胤荣送去伊势的货物也没收了。古市胤荣大怒，将首谋二人斩首，导致同族和家臣共三十人逃亡。

逃亡的三十人与其说是恐惧古市胤荣的处罚，不如说是对他实施斩首这一苛酷刑罚表示抗议，遂集团逃亡，也就是罢工。

三十位同族和家臣逃亡，不可避免地导致了古市势力的弱化。他们以为这样古市胤荣应该会软化态度，但胤荣反而更加强硬。寻尊调停说"不如饶了他们吧"，胤荣不听，与他们断绝了关系。

七月，三十人中的二十一人在高野山①出家隐居。这个时代的寺院有避难所的功能，不允许世俗权力介入。因此，对逃到高野山的人，古市胤荣不能再出手。换言之，这二十一人不是乞求古市胤荣的原谅，而是宣告与胤荣断绝交往。这样一来，事态更趋于长期化了。

经觉与古市胤荣交涉，成功让被胤荣拘禁的与事件有关的平民六人得以释放。但对同族和家臣的赦免胤荣顽固地拒不点头，只得作罢。

有的研究者认为，胤荣总是拒绝寻尊与经觉的调停，反映出他强力的家臣团控制，但问题并非如此。与其说他态度毅然决然，倒不如说他不过是脾气暴躁罢了。

骚动以次年，即文明三年四月，胤荣接受同族和家臣们的谢罪，将其赦免的形式结束。随着时间的流逝，古市胤荣的怒气终于有所缓解了吧。

纵然如此，最终实现了和解，但三十位家臣大举抛弃主君一事绝不会轻易了结。虽然直接导火索是扣押事件，但应该说在这之前，家臣们对胤荣就怀有不满。

笔者臆测，或许是因为古市胤荣的文化志向遭到了反对吧。前一章提到的"林间"及本章第一节提到的念佛风流等，古市胤荣对文化事业倾心尽力，即便在应仁之乱中也丝毫未改。负担当然就压到了家臣们的身上。

---

① 今和歌山县内的真言宗寺院，由空海创建，内有空海御庙。中世的高野山也是一大宗教势力，大体上有金刚峰寺一方、金刚三昧院一方与大传法院一方（大传法院此时已搬迁到根来寺）。

前面已提到，文明元年七月，古市举行了大规模"林间"，这年却没有举行，因为根本不是时候啊。但反过来想，若没有发生家臣集团逃亡事件的话，可能这年也会举办与头年相同，甚至更大规模的"林间"。而且，这年盂兰盆风流如往年一样举行，但仅在古市城，风流未到经觉处，规模也比往年小了。

足利义政是个有名的爱好文化的专制君主，古市胤荣也是同类型的人。无视现实的战乱终日享乐，以至于失去了家臣们的支持，胤荣会遭此境遇可谓理所当然了。

依靠经觉

说起来，对古市胤荣在应仁之乱中的所为还是要打上问号。因为他与斯波义廉、朝仓孝景以及越智家荣结盟，此前的研究将其视为西军一方；但另一方面研究指出，古市胤荣极少作为西军展开军事行动。

就此，学者评价说："他并不较深地介入京都的战乱，而是趁着筒井氏实力削弱的机会扩张在奈良的势力。"这是基于利用内乱实现暴发的"下克上"史观，进而是左翼史观的产物。然而，切实地来观察古市胤荣的行动的话，他的活动是否基于如此高度的战略，不禁值得怀疑。

古市反筒井的色彩很强烈，但这是前一代古市胤仙时候的事情。应仁之乱爆发之前，古市胤荣与筒井顺永关系良好。文正元年（1466）七月，筒井顺永前来慰问病中的胤荣，同年八至九月，胤荣接受顺永的邀请派出援军。应仁之乱不久前的应仁元年（1467）四月，胤荣与顺永曾一同斗鸡。（《经觉私要钞》）另一方面，古市胤荣还与越智家荣关系亲密，可以说古市的立场是中立的。

应仁之乱爆发后，西军再三催促古市胤荣上京，胤荣不为所动。可能原因之一是寻尊让他打消参加西军的念头（《大乘院寺社杂事记》），此外他担心与东军筒井氏关系恶化，遂无法下定参加西军的决心。到了应仁元年九月，古市军终于上京，但古市胤荣自己仍留在奈良。（《经觉私要钞》）此后，并无任何证据表明胤荣在大和积极展开了任何军事行动，并不是因为他有什么深谋远虑，而只是单纯地不想加入战争而已吧。

倒不如说，与越智和筒井都关系良好的古市胤荣，何以勉勉强强参加西军，其原因有考察的必要。就此，酒井纪美提出经觉的影响很大。这一观点非常有趣。

京都的朝仓孝景或畠山义就向古市胤荣派去使者，胤荣立即逐一向经觉报告，向他分享战况信息。胤荣时年二十九岁，并不是好心告知经觉战况信息，而是想求得老练的经觉的意见吧。

前文已述，经觉是反筒井的，且与朝仓孝景关系颇深。经觉自然会建议胤荣加入西军，特别是加入斯波义廉军。事实上，上京的古市军就是与朝仓军会合的（四十日后返回奈良）。

优柔寡断的古市胤荣在史无前例的大乱面前进退维谷，无法决断自己的出路。将重大决策交给别人的古市胤荣，也许原本就不是一个适合在乱世生存的人物。

依靠山田宗朝

胤荣所依靠的不只经觉一个人。这时的古市胤荣，时不时地与一位叫山田宗朝的人物共同行动。

目前尚无研究考察过山田宗朝的背景，但他应该是大乘院坊人，国民山田氏出身。山田氏是乾协党的一员，在御祭中担当流镝马的执行人之一。宗朝自己也在长禄元年（1457）担当过流镝马执行人。（《经觉私要钞》）他的据点应该是在大乘院下属上山田庄、下山田庄（今奈良县天理市山田町）吧。换言之，山田宗朝是一名独立的大和武士，与越智氏与古市氏相同。

另一方面，古市胤荣十九岁结婚时，山田宗朝出面迎接古市胤荣之妻（洼城顺专之女）。（《经觉私要钞》）因此山田宗朝虽不是胤荣的家臣，但应该从属于古市胤荣，就好像织田信长与德川家康那样的关系。

文正二年（1467）二月，越智家荣协助山名宗全、畠山义就出兵上京之际，万岁满阿入道、山田宗朝等也同路，他们的兵力总共有三百骑。古市胤荣应万岁氏的邀请派遣骑兵二十骑。与积极加入畠山义就、越智家荣的山田宗朝相比，胤荣的踌躇可见一斑。当年四月，山田宗朝将亲越智的狭川氏介绍给胤荣（《经觉私要钞》），可见他试图将胤荣拉入越智派一边。

古市胤荣最终从属西军，不仅是因为经觉，山田宗朝的活动也起了很大的作用吧。事实上，山田宗朝在大乱中积极发起军事行动。宗朝趁大乱之机，控制了东山内（今大和高原）一带。

文明二年（1470）九月，为反击侵入南山城地区的大内政弘，东军的伊贺守护仁木氏等出兵山城。为与其对抗，西军一方的国民狭川氏在木津布阵。

十月，古市胤荣为控制山城国下狛（今京都府相乐郡精华町下狛），派遣同族长田家则率军发起行动。（《大乘院寺社杂事记》

《经觉私要钞》)

对古市胤荣来说，发动这次积极的军事行动非常罕见，实际上与山田宗朝的出兵有协同关系。这时，山田宗朝率兵七十向木津进发，途中两军仍共同行动（从木津沿京街道北上渡过木津川就可抵达狛）。或许胤荣是被热心的西军山田宗朝硬拉着出兵的吧。

筒井顺永虽试图阻止古市与山田的军事行动，但在某人的斡旋之下，还是允许他们通过了。(《经觉私要钞》)筒井与古市的联系直到大乱爆发后仍在维持。但是，本次作战失败了，西军以战败告终。狭川氏从木津阵撤退，山田宗朝也遭到重创。古市军应该也撤退了。寻尊对狭川氏徒劳无益地助长军事紧张的行为予以批判。(《大乘院寺社杂事记》)

随着战乱的激化，古市胤荣被迫要做出复杂的政治与军事判断，于是他对年长自己十六岁的山田宗朝越发依赖。家臣们对胤荣气量不足抱有不安，也不是没有道理的事情。

但是，胤荣也有值得同情的地方。古市春藤丸，也就是后来的胤荣，出生于永享十一年（1439）。享德二年（1453），在一代时间里使古市氏成长为大和强力武士的父亲胤仙病死，春藤丸继承了古市氏的家督之位。康正元年（1455）九月，筒井氏没落，胤荣遂成为官符众徒首领之一。但尚弱冠之龄，年仅十七岁的春藤丸绝无承担官符众徒首领重责的能力，于是由与古市同族的山村胤庆代行。或许古市氏的内部事务也由代官胤庆管理。

古市春藤丸于宽正六年（1465）八月出家，取名胤荣。当年十月出兵河内，完成了自己的初阵。大和国众徒、国民的出家是成年的"通过仪式",与其他地方武士的元服相当。二十七岁元服,格外地迟,或许是因为代官胤庆不愿意将实权移交给胤荣,遂拖延了胤荣的出家即元服仪式吧。长年不得不俯首听命的胤荣,一定积累了很多不满。

果然,次年,即文正元年七月,古市胤荣与山村胤庆对立,胤庆被流放。(《大乘院寺社杂事记》)在应仁之乱前,古市胤荣终于掌握了作为家督的实权。当然,他还不具备管束家臣、展开大规模军事作战等的权力。这位新人领导猛地撞上应仁之乱这么个困难局面,就此责难他不能统率家臣团,发挥领导能力,未免过于苛刻了吧。经验不足的古市胤荣,不得不仰赖经觉或山田宗朝的建议。

胤荣的引退

文明三年(1471)六月,如前所述,朝仓孝景反水,投入东军。对因为与朝仓的关系参加西军的古市胤荣来说,犹如上屋抽梯。

当年闰八月五日,山田宗朝得了痢疾,四十九岁就死去了。寻尊说:"对古市来说,没有比这更沮丧的事情了。"(《大乘院寺社杂事记》)经觉也提到了山田宗朝与古市胤荣的亲密关系,思量着胤荣的内心。(《经觉私要钞》)

但如前所述,山田宗朝与古市胤荣的交流在大乱前并没有见到过。宗朝仅仅协助过胤荣的婚事而已。胤荣并不是一直与宗朝关系亲密,而是在京都细川一方和山名一方对立的态势日趋明确的文正二年(1467),即应仁元年以后,才迅速向山田宗朝靠近的。

当年十一月，山田宗朝十五岁的遗子在古市元服。(《大乘院寺社杂事记》)这意味着古市胤荣成了宗朝遗子的监护人。胤荣何等重视宗朝，可想而知。

文明七年五月十四日，为与进军奈良的大内政弘军呼应，古市胤荣与越智军等一同出兵，在奈良新药师寺与成身院顺宣等东军一方交战。对一直避免与筒井氏正面对决的胤荣来说，这次是下定决心了。出家已十年，胤荣终于具备了家督的威严，有了足以积极开展军事行动的自信了吧。

然而，越智军不愿交战，西军一方惨败。古市军战死者有同族五人、家臣十三人，胤荣和小他十三岁的弟弟澄胤、山田宗朝的子嗣三人好不容易幸存下来。(《大乘院寺社杂事记》)

五天后，古市胤荣宣布引退，将以后的事托付给长田家则等。长田家则虽挽留他，但胤荣主意已定，遂按照家臣的协议，让澄胤继任家督。当年七月，澄胤辞任六方众，继承了古市氏的家督之位。(《大乘院寺社杂事记》)

关于古市胤荣突然隐居的理由，寻尊记录说"为了一心向佛"。现实大概是，古市胤荣被同族与家臣追究大败的责任，不得不让出了家督之位吧。胤荣本想依靠获得军功来巩固自己的权力，没想到结果截然相反。

若无战乱，古市胤荣恐怕会作为一名文化人而声名显赫吧。只能说，胤荣遇上了一个坏的时代。

第六章

大乱终结

厌战气氛的蔓延

疫病流行

　　文明三年（1471）七月，京都天花泛滥。据十四日经觉从一条兼良那里听到的消息，乌丸季光、武者小路种光、日野胜光等人的儿子都因天花死去。天花蔓延到地方，令世人人为恐惧。经觉听说有种巫术，在纸签上写"麻子疮之种我作"，贴在背上就不会得天花，于是很快制作了纸签分发给周围的人。（《经觉私要钞》）

　　当月二十一日，后土御门天皇得了天花，于是举行了治病祈祷。（《亲长卿记》《宗贤卿记》《内宫引付》）八月，足利义尚也病倒了。这时，足利义政、日野富子夫妻吵架，足利义政搬到小川的细川胜元宅邸，日野富子则搬到北小路殿居住，听闻儿子重病，他们又慌慌张张地跑回室町殿（将军御所）。但是，两人都感染了流行病，腹泻起来。（《经觉私要钞》《宗贤卿记》）

　　同时，奈良也发生了疫病，据说死亡六百人。寻尊得了天花，政觉腹泻。(《大乘院寺社杂事记》《经觉私要钞》) 为了制伏疫病，经觉高挂药师佛像，举行法会。(《经觉私要钞》) 但疫病势头愈演愈烈，闰八月山田宗朝死于痢疾，古市胤荣在军中病倒返回了古市。经觉的亲信，与古市胤荣待在一起的畑经胤也得了痢疾，一同返回了古市。

这一年的天花、痢疾肆虐，应该是旱灾与战乱双重原因所致吧。因为饥荒与军役导致粮食不足，人们体力衰减。大量的饿死者与战死者使得都市卫生恶化，导致了疫病。

本来，当权者应当竭尽全力消灭疫病。但由于正处于应仁之乱当中，朝廷和幕府的对策仅限于除病祈祷，毫无实效性。虽说已痊愈，但文明三年这场直接给足利义政带来了影响的疫病，让足利义政与两军首脑强烈意识到了尽早结束战争的必要性。

摸索和谈

次年，即文明四年（1472）正月，山名宗全与细川胜元开始和谈交涉。二月十五日，足利义政命令东军赤松政则"和议已成，应从构内退出"。所谓构，就是以将军御所为中心的东军阵地。从中退出，就是解散赤松阵营，解除临战态势的意思。

赤松政则回复"遵命"，于是率军走出阵营，谒见了将军足利义政。赤松政则仅留下最少的兵力，其余兵力在纠河原驻扎。纠河原以东为洛外，即京都之外，象征着赤松军退出洛中，进入休战状态。但是，这个消息仅仅是经古市传到经觉耳中的传言而已，真实性仍值得怀疑。虽说如此，有一个认识被很多人接受了，那就是为实现和议，有必要说服赤松政则，这非常有意思。后面还会详述。

此后，经觉又听到了别的消息。受和议成立的影响，西军畠山义就与大内政弘发誓"绝不背弃对方"，结成一揆之盟。一揆的缔结意味着二者不认可山名与细川之间的和议，选择继续战斗，京都为之骚然。但后来知道仅仅是误传，京中的骚乱也就沉静下来。不止如此，后又证实连和议成立一事也只是误传。二十六日，山名宗全去世的消息传到经觉耳中，经觉大吃一惊，但这也只是个谣言。(《经觉私要钞》)

这个谣言也传到寻尊那里，寻尊在正月二十五日的日记中写道，山名宗全于二十一日亡故，山名一族与大内政弘向足利义政投降。寻尊不知道这是个假消息，还非常高兴地说："这下子大乱终于要结束了，要进入和平了吧。"(《大乘院寺社杂事记》)

虽说以上的传言都是假消息，但两军期盼结束战争的气氛浓烈。尽管最终失败，但一度有议和的尝试，恐怕是事实。并且，议和是以西幕府向东幕府投降的形式来进行的。坐拥将军足利义政与后御门天皇，收服了朝仓孝景的东军，无论是正统性还是军事力量都胜过西军，这是毫无疑问的。山名宗全去世的谣言也应该反映出宗全丧失作战愿望，期盼议和的心态吧。

产生议和气氛的最大因素是士气低下。这年正月，西军"构"内，一色义直的家臣与畠山义就的家臣击球游乐。所谓击球，就是手执木杆，挥杆将木球打入对方阵内，是一种正月游艺。然而，双方因胜负争执起来，据说共有八十人死伤。游艺是为了排解长期从军的压力，却起了反作用，这也反映出厌战情绪的蔓延。统率他们的大名们纷纷考虑出路，自然理所当然。

本来山名宗全与细川胜元就并无不共戴天之仇。细川胜元之所以与山名宗全决裂，是因为山名宗全协助畠山义就，攻击了细川胜元的盟友畠山政长，反过来说，若搁置畠山问题，双方的和解就是有可能的。

此前的研究强调山名宗全与畠山义就的关系，这一理解很大程度上受到了军记物语《应仁记》叙述的影响。事实上山名宗全不过是为了自己的政治策略才把畠山义就拉过来，在西军明显处于劣势的情况下，就再没有和畠山义就共命运的道理了。山名宗全已六十九岁，步入老年，他对自己死后山名一族的走向很关注，对他而言，是到了抛弃畠山义就，与细川胜元和解的时候了。

另一方面，以细川胜元为顶点的细川一门在应仁之乱后几乎维持了自己的领国，他们所失去的较少。若以山名宗全投降足利义政的方式结束战争，对细川胜元也是有面子的事情，可谓正中他的下怀。

无法终结的大乱

文明四年（1472）二月十六日，山名宗全向西军各将领派遣使者，提议与东军议和。据寻尊从自京都回来的柚留木重艺那里听来的消息，诸将表示赞成，特别是畠山义就和大内政弘，二人表态欢迎。（《大乘院寺社杂事记》）

然而这是误传，或者是渴望早日结束战争的寻尊的误解。寻尊虽然不像经觉那样，但也倾向于相信顺耳的谣言，做出对自己有益的解释。

原因是，只看前后经过的话，就会发现畠山义就与大内政弘正是热心的继续作战派。他们二人原本就没有答应和议的动机。在东军占优势的状况之下议和，畠山氏的家督地位就会落入政长手中，这是畠山义就无法容忍的。打算与政长对战到底的义就心中没有结束战争这一个选项。

大内政弘呢，答应议和对他来说没有直接损害。而大内政弘之所以反对议和，正如末柄丰所指出，是为了阻止细川胜元的霸权。和与细川胜元长期合作的山名宗全不同，细川胜元与大内政弘在濑户内海制海权方面是竞争关系。答应议和将导致细川胜元掌握幕府政治，长远来看对大内政弘是不利的。

大内氏原本并不深切关注幕府中央政治，是个全力经营领国的地方独立型大名。但大内政弘因参加应仁之乱上京后，就一直待在京都，他的中央政治志向传递给了其子大内义兴，而后大内义兴拥立足利义尹（足利义视嫡子）为将军，对幕府政治施加影响力，此事的原委超出了本书的范围，在此割爱了。

根据寻尊的日记，在文明二年六月的时候西军诸将已对持续作战十分消极，积极作战的仅有畠山和大内两人而已。因畠山、大内两军放火，京都、东山、西山的神社和寺院悉数化为灰烬，寻尊对此感叹道："如此暴行，闻所未闻，真是佛法、神道之故人。"再没有比二人更糟糕的人了，上天总会惩罚他们的，寻尊这样痛骂了他们一顿。（《大乘院寺社杂事记》）

东军的赤松政则反对议和。（《亲长卿记》《大乘院寺社杂事记》）赤松政则一直在为将赤松氏旧领播磨、备前、美作三国从山名氏手上夺回来而努力。然而若山名、细川两氏主导的议和实现，播磨、备前、美作就会成为山名氏领国了吧。这样的话，自己为何参加东军,殊死作战,意义就不明了了。赤松政则会反对,理所当然。

文明四年四月,山名家臣太田垣向在京都作为西军活动的畑经胤送去了书信。据这封书信称,山名宗全精神错乱,家臣担心他是不是被狐狸附身了。(《经觉私要钞》)此外寻尊记录说,传言五月山名宗全试图切腹自尽,幸而家臣奋力阻止才保住性命。(《大乘院寺社杂事记》)

此事真伪不明,但山名宗全精神失常的谣言四起这件事本身也充分反映出他作为领导的统率能力在弱化的状况。特别是家臣太田垣四处散布主君的病情,十分异常。应该是山名家臣团意图通过让宗全引退,来实现与细川氏的媾和吧。也就是所谓的"主君放逐"。

同时,细川家中也出了事。(《大乘院寺社杂事记》《经觉私要钞》)细川胜元、胜之父子剪短了发髻,家臣十余人也效法之。这是表示隐居的意愿吧。细川胜元曾从细川野州家①请来胜之为嗣子,这一回胜之失去了继承人的地位。事实上就是废除继承人。这样,细川胜元的正室,也就是山名宗全养女所生的聪明丸(后来的细川政元)被选定为细川氏家督。根据樱井英治的推测,这件事是送给山名宗全的和解信号。宗全的外孙若担当细川氏的家督,山名氏将与细川氏结成稳固的纽带。宗全也在八月将家督之位让给其孙山名政丰,这样两军主帅都一齐引退了。

二人承担开战的责任,一同隐居。这样一来,山名与细川之

---

① 以细川满国为家祖的细川家支流之一。

间的芥蒂消除了。但是，随着两军首脑退出舞台，约束诸将的角色也就失去了。山名宗全与细川胜元真正应该做的是说服诸将，开始正式的和谈，但二人却各自抛弃政局，一走了之。诸将各随己愿，继续战斗，大乱于是延续了下去。

暧昧的停战

细川、山名单独媾和

　　朝仓孝景由西军叛入东军，虽然在文明三年（1471）七月二十一日的首战中败退，但很快重整旗鼓。朝仓孝景试图和被足利义政任命为越前守护的西军斯波义廉对抗，但因未能实现担任守护一职的愿望，他的计划被打乱了。无可奈何之下，朝仓孝景自称越前国司，但既无法洗刷背叛主君斯波义廉的不忠污名，又无法得到越前武士的支持。于是朝仓孝景放弃越过主家的"下克上"，转而支持东军的斯波松干丸（斯波义敏之子，后来的义宽）为主君。这样，朝仓孝景获得了大义名分，八月二十四日与西军的甲斐一方作战，取得大胜。（《朝仓家记》）

　　次年，即文明四年八月，朝仓孝景进攻越前中心地区、甲斐一方据点府中，终于平定越前。甲斐敏光逃亡加贺。（《大乘院寺社杂事记》《经觉私要钞》）寻尊记录说："大内以下西国的军粮，都从越前通过。"西军主要的粮道是从山名、大内领国遍布的山阴地区经日本海入越前，通过琵琶湖水运进入京都的运输路线。这条粮道被切断，西军的后勤维持越发困难。

此外，东军赤松政则占据了大山崎的天王山。也就是后来羽柴秀吉与明智光秀进行山崎之战的那座天王山。于是，西军连濑户内海的补给路线也失去了。

再者，东军京极政经（京极持清之子）的重臣多贺高忠控制了从东部地区运粮的要地近江。（《大乘院寺社杂事记》《经觉私要钞》）虽然西军土岐成赖的重臣斋藤妙椿努力夺回了近江，但西军的劣势已不可挽回。

文明五年三月十八日，七十岁的山名宗全逝去。同年五月十一日，正值四十四岁盛年的细川胜元也撒手人寰，死因不明，或许是心力交瘁所致。寻尊断言，细川胜元之死是因为"神罚"。（《大乘院寺社杂事记》）然而，寻尊基本上是支持东军，希望以东幕府吞并西幕府的形式结束战争的。或许是他重视东军拥将军与天皇的大义的缘故吧。

当年八月二十八日，细川政元出仕幕府，正式被承认为细川氏家督。（《亲长卿记》《亲元日记》）细川政元年幼，由细川典厩家[①]的细川政国监护。

当年十二月十九日，足利义政把将军之位让给其子足利义尚。（《公卿补任》《亲元日记》）但足利义尚年仅九岁，幕府的领袖仍由足利义政担当。因为大乱之前足利义政曾有以足利义视为过渡，再让足利义尚担任将军的打算，现在足利义尚出任将军，等于是将足利义视排除出去。足利义政不久就能让西幕府屈服的自信可见一斑。

---

① 以细川持贤为家祖的细川氏分家。细川家以细川京兆家（因担任右京大夫一职得名）为正统，以典厩家、野州家、阿波守护家等为支流。

次年，即文明六年二月，议和再度开启。东军赤松政则不同意，西军畠山义就反对。畠山义就为提高西军士气，在与足利义视协商之后召集诸将，但来者只有大内政弘一名，其余大名尽数缺席。大内政弘也很快离开，让畠山义就狼狈不已。（《大乘院寺社杂事记》）

当年四月三日，山名政丰与细川政元实现和谈，达成和议。（《东寺执行日记》《东院年中行事记》）京都的商人访问东军阵营，向他们表示祝贺。但是，西军大内政弘、畠山义就、土岐成赖、一色义直不同意和议，并不解散战阵。东军的畠山政长、赤松政则也没有解除临战态势。最终，和议成了山名与细川的单独媾和，西军与东军的和议未能实现。当月十五日，山名政丰之子俊丰谒见将军足利义尚，将军正式认可了他对东幕府的归降。

由于山名一族向东幕府投降，西军主力转移到畠山义就和大内政弘身上。四月二十三日，山名政丰军与不久前还是盟友的畠山义就军在京都室町对战。（《东寺执行日记》）次月，一色义直之子义春向东幕府归降并得到承认，幕府认可了他对本国丹后的领属。但是，东军的武田国信（武田信贤之弟）、细川政国拒不将丹后交还给他。（《大乘院寺社杂事记》《亲长卿记》）足利义政的权威下降十分明显。

且说寻尊认为大乱的最大原因是畠山氏的内部纠纷。（《大乘院寺社杂事记》）通过以上的过程，可以说他的分析正中其要。应仁之乱是从山名宗全笼络畠山义就开始的。山名宗全与细川胜元这两军主帅相继故去后，山名与细川两氏间的和议旋即成立，但大乱依旧不止，终归还是因为意图打倒畠山政长的畠山义就拉拢反细川的大内政弘，实施彻底抗战之故。

山名宗全起兵意在打破足利义政亲政。但是，山名家族投降后，西军的反细川色彩越发强烈。于是，应仁之乱迎来了新的局面。

停战工作的开展

这时，西军有一号人物的发言权蹿升，这就是持是院的斋藤妙椿。妙椿是僧侣，但因其兄美浓守护代斋藤利永去世，他便作为其子利藤（妙椿的侄子）的监护人进入政坛，成为美浓守护土岐成赖的重臣。应仁之乱开始后，妙椿侵入近江、伊势、尾张等地，声名大噪。

即便在山名一族退出西军之后，畠山义就与大内政弘仍决定继续作战，也是因为得到了妙椿的支持。寻尊感叹说："东西两军谁能取胜，由妙椿的动向决定。这是一大怪事。"（《大乘院寺社杂事记》）

寻尊称为"一大怪事"，是因为大乱的走向由守护的家臣这样的人物左右，他对这一"下克上"的状况颇为反感。由于寻尊有如此发言，战后的历史学家便把他看作怀念旧体制、逃避现实的没落一族。

即便如此，寻尊虽以为无趣，却一直关注着朝仓孝景与斋藤妙椿的动向，与他们保持着联络。此外，寻尊在文明四年（1472）正月的日记中记述两军构成时，不像应仁元年（1467）六月的日记只列举了诸位大名的名字，这一回他加上了东军的朝仓孝景、多贺高忠，西军的斋藤妙椿和甲斐党的名字。守护代这一阶层一跃成为应仁之乱的关键人物，寻尊充分把握住了这一变化，将这样的寻尊评价为逃避现实是不确切的。

文明六年闰五月，进攻越前的甲斐军被朝仓军击退。甲斐敏光上京，与主君斯波义廉会面。甲斐敏光希望斯波义廉到越前去。这是以斯波义廉为旗号，动员斯波氏领国的尾张与远江武士进攻越前的大作战计划。但因西军诸位大名反对，计划中止。六月，按新的方案，斋藤妙椿率领数千骑攻入越前，促使朝仓与甲斐议和。（《大乘院寺社杂事记》）

因为斋藤妙椿的活跃，西军的东部战线得以稳定下来。虽然如此，那般活跃的妙椿仍没有上京的余力。西军诸将仅仅能在京都各处零零星星地放火，战线完全无法推进。寻尊批判说："将军（足利义政）饮酒，诸大名狩猎，好像战争结束一般逍遥自在。"对东幕府来说，是到了提出停战的时候了。

肩负停战任务的是新将军足利义尚的舅父日野胜光。寻尊称日野胜光为"新将军代理"，但政治实权依旧握在足利义政手中。日野胜光实际上不是足利义尚，而是足利义政的代理。足利义政最亲信的伊势贞亲在文明三年四月下台，文明五年正月故去。此外如前所述，细川胜元也已不在人世。足利义政所能仰赖的，除了日野胜光再无别人。日野胜光与大内政弘和畠山义就接触，但对足利义视的处置问题未能形成决议，交涉毫无进展。西军诸将既已拥立足利义视，是无法将其抛弃而投降的。

文明七年二月，西军甲斐敏光降服，足利义政任命他为远江守护代。（《大乘院寺社杂事记》）甲斐的主君斯波义廉也于当年十一月前往尾张。（《和汉合符》）斯波义廉此后的动向不明。这样，越前完全落入东军手中，西军越发不利。眼看西军的投降近在咫尺，日野胜光却在文明八年六月死去，停战工作触了礁。

文明八年九月，足利义政向大内政弘送去书信，请求他协助停战，得到了他的同意。（内阁文库收藏《古文书》《黑冈带刀所藏文书》）大内政弘滞留京都近十年，果然对领国的状况十分担忧。十二月，也许是基于大内政弘的进言，足利义视向足利义政请求赦免："我参加西军并非谋反，而是因伊势贞亲害我，要取我性命，遂采取了自卫行动。"足利义政接受了他的请求，就自己听信伊势贞亲谗言，对足利义视表示道歉。伊势贞亲已死，通过让他做替罪羊，兄弟俩终于找到了和解的机会。

此后，担当和谈重任的是日野胜光的妹妹、足利义政的正妻日野富子。日野富子出面交涉，或许是因为与足利义视有亲属关系。文明九年闰正月，足利义视托日野富子代为向足利义政调停，作为回报，他答应赠送三千匹（三十贯文钱）。但足利义视并无支付的财力，大内政弘代足利义视向日野富子赠送三千匹。大内政弘自己也仰仗日野富子中介，并支付了五千匹为报酬。（《亲元日记》）

这样看起来，日野富子果不其然是中饱私囊的"恶女"，但那个时代，以"礼金"为名向幕府和朝廷要人行贿是非常普遍的，日野富子并不是例外。根据樱井英治的分析，日野富子的牟利活动曾经维持着日渐恶化的幕府财政的运营。这也是事实。

提到日野富子的牟利，寻尊所记录的她向诸将贷出军费，贩卖军粮的事情非常有名。（《大乘院寺社杂事记》）永原庆二根据寻尊"畠山左卫门佐前日请借出一千贯文钱"的记录解释说"畠山义就从日野富子那里借了一千贯文钱"，于是指责日野富子身处东军阵营却为敌军西军提供资金,是"发战争财"。但是,畠山义就的官位是右卫门佐,并不是左卫门佐。

因此,有的研究者认为不是畠山义就,而是西军畠山左卫门佐义统借的钱。但是由于寻尊时常把畠山左卫门督政长误写成"左卫门佐",这时候向日野富子借钱的恐怕是东军的畠山政长。日野富子向东西两军放贷,促使战乱扩大这样的理解是讲不通的。如前所述,倒不如说日野富子正在为停战而努力。

西幕府的解散

大内政弘很快就将降服,一度态度强硬的畠山义就不得不重新考虑何去何从了。大内政弘归国以后,京都的军事态势完全向东军倾斜,畠山义就必遭围歼之结局。

文明九年(1477)八月六日,寻尊收到了在木津布阵的东军仁木氏送来的一封信。说的是畠山义就进入大和一事。畠山义就军若进入大和,则大战不可避免。这令寻尊十分忧虑。

然而畠山义就有可能并非前来大和而是去河内。畠山义就的去向是大和,还是河内呢?寻尊为收集情报而精神紧张起来。

当月十四日,寻尊推测,畠山义就若来大和,筒井和成身院将陷入窘境。此外他还写道:"畠山义就乃当世最强武将,与他敌对,实难想象。"有的研究者从中读出了寻尊天真地赞叹畠山义就勇猛的放松感,但事情并没有这么简单。即便畠山义就进攻大和,只要东军的筒井等不与其交战而是逃亡,大和就可以避免战火之苦。寻尊大概是期盼着这样的结果吧。事实上,如下一节所述,寻尊的判断几乎应验了。

九月九日，寻尊听到传言，说畠山义就与越智和古市商量，咨询他们进军大和与河内哪个更好。十二日，他又接到情报："昨夜，畠山义就让妻儿到越智宅邸避难，古市澄胤护卫。"(《大乘院寺社杂事记》)

当月二十一日，畠山义就终于从京都撤军，目的地是畠山政长重臣游佐长直守卫的河内若江城（今大阪府东大阪市若江南町）。这是一支骑兵三百五十人、步兵两千余人的大军。(《大乘院寺社杂事记》)

东军诸将并无意追击撤兵的畠山义就军，或许是足利义政下达了禁止追击的命令，足利义政在大乱爆发之初就打算以将义就逐出京都来收场的（参考第三章）。虽说是放虎归山，但足利义政无论如何也想结束战斗，哪怕仅仅是京都的战斗。在畠山义就退兵一事上，似乎大内政弘贡献颇大，足利义政遂为大内政弘向朝廷申请从四位下左京大夫的官位。(《兼显卿记》)这时大内政弘的归降已经确定无疑了。

但在畠山义就撤退后，西军依旧在下京布阵。驻守山崎的东军赤松政则摆出一副要进攻的态势，却被足利义政制止了。

因为对自己的处置尚无法确定，足利义视开始对畠山义就的撤退感到不安。为了填补畠山义就留下的空白，他邀请斋藤妙椿上京。十月，妙椿率尾张、美浓、近江三国兵力共三百骑上京。(《大乘院寺社杂事记》)

然而十一月三日，大内政弘终于向东幕府投降。于是，周防、长门、丰前、筑前四国的守护一职及领属权均得到了认可，可谓受到了破格优待。(《黑冈带刀所藏文书》《长兴宿祢记》)但大内政弘却并不与足利义政见面,而是通过伊势贞宗向其致谢,可见他仍未完全解除警惕。

当月十一日,大内政弘从京都撤兵,前往周防。土岐成赖、畠山义就等西军诸位大名各自烧了自己的阵营,返回领国。这时,故后花园法皇曾居住的宫殿也被大火波及而烧毁,但土御门内里(现在的京都御所所在地)完好无损。京都的居民因和平到来而欢欣鼓舞,纷纷前去西军阵营的故地参观。(《亲长卿记》《实隆公记》《兼显卿记》《长兴宿祢记》)

足利义视与土岐成赖一同前去美浓。由于足利义视并未受到足利义政的正式赦免,所以就没有留在京都。从文明九年七月足利义视的女儿做了足利义政犹子一事来看,足利义政、日野富子夫妻或许并没有严厉处罚足利义视的打算。但是,足利义视及其子足利义材(后来的义尹、义稙)对将军足利义尚的地位构成潜在威胁,这一点并没有改变。因此,足利义视的问题一直没有解决。

大内政弘也曾为足利义视的问题奔走,但终究还是以自己的利益为先,将足利义视抛弃了。最终,对足利义视、义材父子最为同情的斋藤妙椿收留了他们二位。

于是,西幕府一点一点地解散了,应仁之乱在形式上画上了休止符。虽然如此,畠山义就与土岐成赖等并未向足利义政投降,只是撤出了京都而已。对寻尊而言,如今畠山义就很可能攻入大和,情况一点儿也不值得庆幸,甚至反而比大乱之中更糟糕了。虽然人在京都的袖留木重艺提议说"像其他公家、寺社一样以庆祝战胜为由上京如何",寻尊却不为所动,大概是因为这样的"战胜"和"停战"实在太空虚了吧。

持续十一年的大乱使得京都沦为一片废墟，一个胜利者也没有。不仅如此，战乱的火种根本就没有完全熄灭。

此后的大和

经觉的死与寻尊

经觉没能看到应仁之乱的最后结束。

经觉波澜万丈的一生，结束于文明五年（1473）八月二十七日，享年七十九岁。如前所述，这一年山名宗全、细川胜元两位相继离世，经觉如何看待他们的死，不得而知。因为经觉的日记只到文明四年九月而已。

与频繁感叹乱世，悲叹"天魔所为""寺社灭亡的根源"的寻尊不同，经觉没有记录过对应仁之乱这一战争整体的感想。经觉对政治与社会局势并不关心，他所关心的只是与自己有来往的人的动向。

文明四年八月，朝仓孝景击破甲斐一方控制了越前，经觉闻讯欣喜不已："朝仓是我长年的知己，他能获胜，可喜可贺。"就好像那是自己的事情一般。（《经觉私要钞》）如前所述，经觉偏向西军，朝仓孝景虽然从西军叛投东军，但此事与经觉无关。这与寻尊相反，寻尊担心河口庄的田租会不会因此收不上来了，焦虑不已。

经觉晚年不断在日记中写自己身体不佳，不过并没有几个月长时间卧床不起。文明五年七月，他与寻尊等人一同去观赏盂兰

盆定例的古市念佛风流。八月十一日,又与一条兼良、寻尊等一同观赏猿乐。(《大乘院寺社杂事记》)

但八月二十一日经觉突然病倒了。寻尊从由古市急忙赶来的楠叶元次那里听到了这个消息,于是安排了医生,自己也前去探病。但那时经觉已经无法说话了。

为了祈愿经觉的身体康复,寻尊命令兴福寺的僧侣们诵读大般若经、念佛,但毫无成效,经觉与世长辞。去世前,寻尊将经觉的病体转移到己心寺。葬礼在己心寺举行。一手操办这些事务的毫无疑问是寻尊。西南院光淳(参见一百一十八页)就任兴福寺别当。光淳的第一件工作,是依恩赦免释放预定要被处决的盗贼。

经觉去世十一天后的九月九日,寻尊把经觉留下的日记等各种记录要来。这个时代的公家或僧侣的日记,并不是为备忘而作的私人物品。他们的日记也是一种手册,为自己的继任者能够顺利开展各种仪式、活动及领地管理提供参考。所以本来经觉就必须要把自己的日记给后任大乘院门主寻尊看,但由于二人关系微妙,经觉没有这样做。寻尊没有经历过技术的传授,而是不得不自学作为门主所需要的知识。

经觉去世时,寻尊年已四十四岁。由于调查过诸多记录,其博学程度在大乘院历代门主之中算得上数一数二,对他而言,事到如今大概也无需再学习经觉的日记了吧。即便如此,他还是立即入手了经觉的记录,其好学之心,令人感佩。

但不走运的是,经觉日记文安二年(1443)以前的部分缺失。文安二年筒井军进攻经觉所在的鬼薗山城之际,日记几乎全被焚毁。寻尊也于康正二年（1456）开始写日记，因此对寻尊来说，较早的记录更为重要。经觉的早期日记遗失，寻尊定是十分泄气的吧。

经觉给寻尊留下的不仅有日记，还有一件麻烦事，那就是借款。根据楠叶元次给寻尊的报告，经觉负债达五十贯文钱左右。债权人要求寻尊还款，甚至有人逼迫说，若还不上来的话就没收大乘院领有的土地。

寻尊对此严词拒绝，他表示经觉的债务是他的个人借款，与大乘院无关。他的证据是，他自己从来没有当过借款的担保人，一个字也不曾写。但债权人不肯罢休，反问："你不是经觉的弟子吗？"对此，寻尊反驳道："我不是经觉的弟子。我大乘院门主的地位、大乘院的领地，都不是经觉给我的，是幕府给我的。从九岁起到现在，这三十六年间，我一直是大乘院的门主。"

其实他的这一主张中混入了谎言。的确，寻尊就任大乘院门主，是因为经觉惹足利义教不快导致下台，并不是经觉让位给他的。但嘉吉元年（1441）足利义教被暗杀后，经觉重任大乘院门主，并让寻尊做了自己的弟子。文安二年经觉在与筒井氏的作战中战败离开奈良，寻尊这才回归大乘院门主之位。虽说也不是普通的师徒关系，但寻尊是经觉弟子这一点，不容否认。

然而寻尊在文明二年的时候就已经预见到这种问题了。寻尊考虑到自己有可能走在经觉的前面，遂留下作为门主的心得交给政觉。里面说，不可以为经觉的借款做担保人；不可以同那些声称给经觉借款、从经觉那里获得土地等，试图掠夺大乘院土地的人共事。诸如此类。

寻尊为防备经觉死后追债者蜂拥而至，早就积攒了证明自己不是经觉弟子的文书，做好了理论准备。因此，当真被逼问"代替经觉还钱"之时，他也能不为所动，宣称自己"不是经觉的弟子"，义正词严地反驳回去。追债者无从了解经觉与寻尊之间的复杂关系，于是便被寻尊欺骗了。如此周密的安排，可以说非寻尊不能。

寻尊甚至还着手收回经觉管理的领地。对寻尊来说，这些不是经觉的私有土地，而是大乘院门迹为了照料经觉的老年生活而借给他的"隐居用地"，因此经觉并没有处分这些土地的权利。经觉无权拿这些土地去做借款的担保，也无权将其转移给他人。即便经觉签了这样的契约，也是无效的。如今经觉已死，所有的土地都必须归还大乘院门迹。有关"隐居用地"的纠纷，他早在文明二年的时候就已经想到了，于是寻尊命令古市胤荣，迅速收回散在各地的经觉领地。

对大乘院门主寻尊来说，维持大乘院门迹这一经营主体才是最重要的课题。早早预见将来可能发生的问题，事先备好应对之策，寻尊的手腕堪称老道。轻视他是个大乱的旁观者，那简直就是看错了寻尊这个人了。

畠山义就的独立王国

文明八年（1476）四月五日，五十八岁的筒井顺永病逝，其子顺尊继承其位。（《大乘院寺社杂事记》）筒井顺永作为大和东军主力，在南山城、河内与西军对战，同时维持着奈良的治安。文明四年，土一揆袭击奈良时，顺永将其镇压。因顺永之死，兴福寺僧中有人动摇了，表示此后或许应该支持西军了，寻尊却激动地拒绝说："真是大天魔啊。"可以说寻尊是肯定了顺永的功绩，而更重要的是，寻尊其人的风格是不为眼前表象所迷惑，能做出慎重的判断。畠山政长担心大和的东军一方势力弱化，遂派遣重臣游佐长直到河内，守卫若江城。

文明九年九月二十二日，离开京都的畠山义就军在河内牧（今大阪府枚方市）宿营。畠山义就甚至进军野崎（今大阪府大东市），窥伺若江城。越智家荣、古市胤荣、古市胤澄加入义就一方，筒井顺尊加入畠山政长一方，大和诸势力也在河内国集结。（《大乘院寺社杂事记》）

二十七日，若江城守将游佐长直迎击，将畠山义就军击退。（《大乘院寺社杂事记》）但这是畠山义就的策略。畠山义就佯装败退，转入摄津国欠郡（今大阪市内），奇袭天王寺城。（《长兴宿祢记》）守卫天王寺城的和田助直等奋力迎战，总算将畠山义就军击退。（《和田文书》）当天，畠山政长方的客坊城（今东大阪市客坊町）陷落了。（《大乘院寺社杂事记》）

畠山义就退出京都时，幕府默然相送，因而畠山义就大闹河内的状况，幕府应该早已料到。但畠山义就的势头远超预想。畠山政长狼狈地向足利义政哭诉，足利义政遂向朝廷请求下发处罚畠山义就的纶旨。九月二十九日，纶旨向东大寺、兴福寺、金峰山、多武峰、高野山、根来寺、粉河寺众徒及伊势国司北畠政乡（北畠满雅之孙）发布[①]。（《实隆公记》《兼显卿记》《长兴宿祢

[①] 纶旨向这些寺院及武士势力发布，意味着希望借他们之手与畠山义就对抗。

记》)这时大内政弘等西军诸将尚在京都,故东军无法行动。因此,足利义政试图利用朝廷影响之下的寺社势力和公家大名的军事力量。

但足利义政的应对为时已晚。十月三日,畠山义就进入八尾城(今大阪府八尾市),切断若江城与誉田城(今大阪府羽曳野市誉田)的联络。(《大乘院寺社杂事记》)接着,当月七日,畠山义就进攻政长一方和田美作守等守卫的誉田城,斩杀大将美作守以下三十七人。(《长兴宿祢记》《大乘院寺社杂事记》)畠山义就将他们的首级送到京都的畠山政长处,这是刺激他"不要躲在京都,速来与我一战"。这时,由于若江城的游佐长直并不发兵救援誉田城,政长一方士气显著低落。筒井顺尊进攻古市氏镇守的教兴寺城(今八尾市教兴寺),也遭击退。

十月八日,畠山义就一方的大和国民吐田氏攻克岳山城。这就是当年畠山义就坚守近两年半的那座岳山城。九日,往生院城(今东大阪市六方寺町)、若江城也被攻陷。游佐长直从天王寺乘船逃脱,仅以身免,丑态尽显。(《大乘院寺社杂事记》)畠山义就已基本上平定河内一国。

畠山义就瞬间攻下河内,足利义政应该完全没有预想到。文明二年八月,畠山义就曾命家臣誉田、甲斐庄、游佐等进攻河内,越智家荣等也出兵助力,却未能达到驱逐政长一方的目的。这是因为畠山政长一方在河内的地位十分稳固。畠山义就退兵河内,畠山政长不去追击,也是因为对河内的防御有绝对的自信吧。

然而这一次,无论畠山义就自己是否出马,河内与大和的武士们一齐起兵,投入畠山义就麾下。畠山义就的名望可想而知。

畠山义就的魅力，其军事才能自不必说，尽管他是守护家的公子，却不靠权威，坚持实力至上。即便是为公家、僧侣所惧怕的"不守规矩者"山名宗全，在操纵幕府政治以获得财富权力方面仍比较保守。事实上，山名宗全自己不做管领，而是让女婿斯波义廉做管领，他这样的战略仍然遵循了幕府管领必出斯波、细川、畠山三家的规矩。此外，足利义视加入前，西军是以八位大名联合签署的形式发布命令，其中大内政弘虽然军事才能卓著，但因为门第不够，仍被排除在署名者之外。这也可以看出西军主帅山名宗全的保守性。

　　与他相比，畠山义就原本就没有遵循幕府命令的想法。大乱开始前，他就曾与幕府大军为敌，在河内孤军奋战。虽然他被山名宗全利诱上京，卷入幕府内的权力斗争，但他本质上仍是不依靠幕府权威，采取自力更生、独立扩张领土的态势。厌恶中央统治的地方武士纷纷投入畠山义就麾下，正是这个原因。

　　今谷明评价畠山义就的势力是"河内王国""幕府的权威命令无法到达的独立国家"。这说法非常妙。提到"最初的战国大名"，一般总会举出朝仓孝景、北条早云的名字，但畠山义就也可以说是战国大名[①]一般的人物。

筒井氏的衰败

　　且说，寻尊听说畠山义就在河内之战完胜，在日记中说"可喜可贺"。这样战斗就要结束了吧。

[①] 战国大名指能够独立控制自己的所辖区域，对其土地和民众享有排他性军事指挥权、审判权等的专制权力，与室町时代的"守护大名"不同。

然而，寻尊天真的期待很快就落空了。畠山义就的矛头对准了大和国。畠山义就的家臣游佐和甲斐庄为了报父亲战死于"神南山之战"之仇，表示要进攻大和国龙田城。(《大乘院寺社杂事记》)神南山之战就是长禄四年（1460）十月十日的"河锅山之战"。是役，畠山义就军奇袭畠山政长防守的龙田城，战事不利，败走河锅山，遭到政长一方追击，游佐国助、誉田金宝、誉田祥荣、甲斐庄等义就一方主要将领战死。于是，他们提议说，在各自父亲忌日那天，即文明九年（1477）十月十日进攻龙田城。

但是，十月十日进攻龙田城的作战计划缺乏军事上的合理性。因此，越智、小泉、片冈等表示反对。他们虽臣从于畠山义就，但与游佐、甲斐庄不同，并不是畠山义就的家臣。畠山义就无法无视大和势力的意见，于是中止攻击龙田城。即便如此，时过二十年仍不忘复仇，中世武士的执念之深，令人震惊。

畠山义就一方打算东进一举攻克奈良。（《长兴宿祢记》）在京都的大内政弘为了从侧面支援，派遣重臣杉弘相率正规军三百骑、杂兵数千人由山城国南下。（《大乘院寺社杂事记》）或许大内政弘事先就与畠山义就约定好了。畠山义就撤出京都以支持大内政弘归降东军，作为交换，大内政弘支援畠山义就进攻河内与大和。

听闻大内军逼近之后，守卫木津的仁木氏、木津氏等慌忙逃走。筒井顺尊、成身院顺宣（后来的顺盛）也躲藏起来。大和的政长一方势力四散。只有箸尾氏还坚守着政长一方的孤城，但即便是箸尾氏，其家主箸尾为国已经弃箸尾城逃走，消失得无影无踪。

十月三日，大内军从木津进军般若寺（今奈良市般若寺町内）。兴福寺担心奈良置身于战火之中，遂通过驻守下狛的古市家臣井上九郎，与大将杉弘相交涉，大内军向奈良的进军遂中止，撤退到下狛。

六方众听说筒井氏败退，于是袭击了曾向奈良居民征收重税的筒井氏代官庆忍，将其从住宅内逐出。古市胤荣、澄胤兄弟从河内教兴寺城回到奈良，指挥奈良防务。

以筒井氏为首的畠山政长一党既已被一扫而空，若不让与畠山义就关系密切的古市氏做官符众徒的话，奈良的防务是不可靠的。毕竟畠山义就军的兵力，合河内、大和两国已达一万人。

然而，寻尊欲任命古市澄胤为官符众徒首领之时，古市澄胤回答说："若只任命我一人，那便欣然接受。"康正元年（1455）九月古市春藤丸（胤荣）就任官符众徒首领之际，丰田与高山氏等也是首领，首领一共五人。这次，丰田、高山等也要求首领之地位，寻尊左右为难。但寻尊认为"除了古市之外，让其他人保卫奈良治安，都无法顺利进行"。寻尊依旧清醒。此后，文明九年十一月，寻尊通过古市氏祝贺畠山义就平定河内，赠送贺信和酒樽等，竭力构建与畠山义就的友好关系。

文明十年正月，也因为畠山义就和越智家荣的推荐，寻尊任命古市澄胤取代筒井顺尊为官符众徒首领。筒井氏一方虽然反对，却无能为力。当年六月，越智家荣之女与古市澄胤政治联姻，古市氏的权力愈发强化。

另一方面，筒井顺尊也在寻找反击的机会。因为顺尊的长子做了福住氏的养子，这位福住氏是东山内福住乡（今奈良县天理市福住町）的控制者，于是筒井顺尊遂以福住乡为据点开展抵抗活动。文明十一年九月以后，筒井一方雇佣足轻，扰乱奈良市内。足轻神出鬼没，袭击奈良各处，抢劫、放火。

筒井一方正规军兵力约五百人，兵力上古市军占优。但是兵力不足的筒井军使用了雇佣兵。为了与筒井一方足轻打游击战，古市一方也雇佣了足轻。虽说是雇佣，但由于发不出饷钱，于是便允许他们抢劫。这和应仁之乱中京都进行的足轻战法完全相同。

寻尊虽然慨叹双方的足轻战法使奈良荒废，却无能为力。第四章已述，应仁之乱开始后，许多公家为躲避战乱，逃到奈良。如今奈良反而动荡，约八十人回到了京都。甚至有的可怜的公家拜托足轻沿途护卫，途中足轻却转为盗匪，把他们全身衣物扒了个干净。（《大乘院寺社杂事记》）

见筒井一方在奈良横行，畠山义就于十月二十一日派遣了一位名叫市若的足轻大将。因市若奋战，筒井一方的军事活动陷入低潮。畠山义就甚至打算派大军入大和，但由于畠山家中发生了内部纠纷，不得不作罢。因此，筒井一方得以保住一命。

文明十三年七月十五日，有传言说筒井一方计划再次攻击奈良。寻尊不解道："文明九年畠山义就军逼近大和时，筒井不是不经一战就落荒而逃了吗，如今畠山义就的势力比那时还强，若真要打来，也不过是被击溃吧。还是说他们相信了畠山义就去世的谣言了？"

但在七月二十日，筒井顺尊、箸尾为国、十市远相、成身院顺盛等联军为夺回旧领地而起兵。他们之所以发起攻势，是因为与多武峰达成了同盟。但如寻尊所料，筒井一方惨败，古市澄胤攻克了筒井氏的居城福住城。

此后，筒井顺尊仍不放弃，策划种种谋略，但全都以失败告终。文明十九年（1487，七月二十日改元长享），箸尾为国向越智家荣投降。接着长享三年（1489）七月二十二日，逃亡中的筒井顺尊在京都的旅店去世，终年三十九岁，据说是醉酒而死。终日失意，借酒浇愁，顺尊这样的形象浮现出来。寻尊在日记中这样写道："文明九年丁酉岁十月十三日败退以后，再未归国，就此入灭。这是大明神的惩罚。"由于顺尊在文明九年以后仍在大和国活动，所以这里的"归国"不是指回归大和国，而是指回归故乡筒井乡的意思。

筒井氏支援畠山政长，在河内与大和长期奋战，是应仁之乱的点火者。最终，畠山政长所属的东军获得了战争的胜利，但筒井氏自己却战败于越智和古市氏，失去了在大和的势力。这真是莫大的讽刺。

第七章

应仁之乱后的室町幕府

幕府政治的重建

寺社本所领[①] 返还政策的重开

众所周知，应仁之乱使将军的权威一落千丈。寻尊在日记中说："虽说应仁之乱结束了，但值得庆幸的事情一件也没有。如今，还听从将军命令的地方，日本是再也没有了。"

纵然如此，足利义政并不像坊间所说，是个无能失策的人，相反，他在为幕府的重建而努力。其核心就是寺社本所领返还政策。这是指，守护等武家势力要将从"寺社本所"，也就是寺社、公家等庄园领主手中夺来的领地归还回去。足利义政在应仁之乱前就热心推动寺社本所领的返还，但因应仁之乱爆发，被迫中断。大乱结束后，他又重新推行这一政策。

由于寺社本所领返还政策侵害了守护的既得利益，要实行起来并不容易。于是，首先是和旧西军的诸位大名交涉。作为饶恕

[①] 寺社及公家的庄园、领地。

西军大名反幕府之罪的条件,他们必须将领国内的寺社本所领归还回去。文明十年(1478),美浓的土岐成赖、斋藤妙椿接受这一要求,于是得到赦免,他们遂向京都派去了谢恩使者。然而,能登的畠山义统由于在没有答应归还之前就派出了使者,所以足利义政接见了土岐与斋藤的使者,却拒绝与义统的使者会面。(《亲元日记》《晴富宿祢记》)

为何足利义政如此执着于寺社本所领返还政策呢?在这个时代,把土地归还给本来的所有人,被视作"德政",也就是善政。足利义政希望通过实现理想政治,来提高将军权威,这样的推论一定程度上是站得住的。

但另一面,因为各国的御料所(幕府直辖领地)被守护或守护代以下夺去,足利义政决定征收山城国内寺社本所领田租的五分之一来填补。(《大乘院寺社杂事记》)这遭到了寺社与公家的强烈反对,遂撤销。但自文明十四年建造东山山庄(后来的慈照寺,即银阁寺)开始,足利义政又命令向山城国寺社本所领庄园征收工程费和人力。足利义政一方面增大寺社与公家的负担,一方面同时推行寺社本所领返还政策,看上去是矛盾的。

我们认为,足利义政推行寺社本所领返还政策的动机不是基于某种理念,而是出于现实考虑。纵使幕府下达了归还寺社本所领的命令,守护势力也不会轻易听从,寺社与公家若想实现对领地的控制,必须依靠幕府的支援。

举一个例子。应仁之乱前的越前长禄之战中,守护代甲斐氏势力衰退,于是兴福寺试图推进河口庄与坪江庄的直辖管理。但最终,将军亲信大馆教氏、熊谷持直、籾井信久等就任代官。依靠自己的能力无法驱逐守护势力的兴福寺，于是寻求将军的支持。

从这里我们知道，寺社本所的领地归还运动，最终大部分造成了将军势力对寺社本所领的侵入。足利义政的寺社本所领返还政策绝不是什么慈善事业，而是他抑制守护势力、扩大自身利权以强化将军权力的一举两得之策。

正因如此，守护对寺社本所领归还政策的反抗非常强烈。次年，即文明十一年，播磨、备前和美作三国守护赤松政则，因迟滞归还领国内的寺社本所，被勒令停止出仕。朝廷的下层官僚小槻晴富很讶异：" 不响应归还命令的大名不止一个，为什么将军只对赤松一人发怒呢？" 赤松政则是为数不多的把大乱中衰败的诸位大名甩在身后，扩张了自己势力的大名，因此足利义政才觉得有警告的必要吧。

足利义政隐居

文明十一年（1479）十一月二十二日，十六岁的足利义尚举行 " 判始 "。（《长兴宿祢记》）所谓判始，就是在文书上画上自己花押的仪式。在中世，拥有自己的花押，是一个人成为具有法律上责任能力的成年人的证据。足利义尚已经元服，被任命为征夷大将军，但因为没有自己的花押，所以无法参与政治。通过判始，他才能够以将军的名义发布文书。

然而，此后足利义尚也没有发布文书的机会，这是因为他的父亲足利义政依旧把持政治。文明十二年五月，对此不满的足利义尚突然剪断发髻，奔出将军御所，试图出家。此前足利义尚就曾拔刀四处追着砍人，有种种怪异举止（《大乘院寺社杂事记》），想必是相当抑郁了。足利义政慌了，于是安慰义尚，和他约定近日之内就把政务移交给他。

重新振作后，足利义尚向一条兼良咨询如何做政务准备，于是一条兼良写下政治意见书《樵谈治要》，七月献给足利义尚。这里面尽是"尊敬佛法""任用清廉之人""审判要公平"这类冠冕堂皇的话，缺乏实践的、具体的建议。足利义尚觉得不满意，后来交给了自己的弟弟三宝院义觉。顺便说一句，一条兼良之子寻尊，对足利义尚是否具备为政者的资质抱有怀疑，讽刺这本劝诫义尚做理想君主的《樵谈治要》是"对牛弹琴"。

文明十三年正月，足利义政表示要"隐居"，人们到御所来拜年，他也避而不见。表面上看好像是践行了将政务移交足利义尚的诺言，但实际上足利义政突然表示引退，让周围人十分困惑。或许是因为与不响应寺社本所领返还命令的大名们的摩擦，与妻子日野富子的不和，与儿子足利义尚的不和（父子为德大寺公有的女儿相争）等原因。（《大乘院寺社杂事记》《长兴宿祢记》《宣胤卿记》）

与其说是政务移交，这样的政务丢弃不如说是种讽刺，足利义尚不悦，再度剪断发髻，拒绝与前来拜年的人会面。统治天下的足利将军家父子竟然同时避居不见，这种事闻所未闻，寻尊很惊讶地写道："岂有此理。"（《大乘院寺社杂事记》）因此，辅佐足利义政的日野富子代行政务。可是，乱设关卡、经营高利贷、中饱私囊的日野富子的名声以前就不好，这样的政治体制无法长久持续下去。

当年十月，足利义政在京都北郊长谷（京都市左京区岩仓长谷町）圣护院隐居。对不听号令的诸位大名，以及自己那屡教不改的儿子义尚，他已经厌倦了。次年，即文明十四年五月，足利义尚搬到足利义政留下的小川御所。七月，足利义政正式宣布移交政权，足利义尚的执政开始。然而，正如下一节及以后所述，足利义政仍然保持着幕府最高统治者的地位，对足利义尚权力的制约还在持续。

细川政元与山城国一揆

陷入困境的幕府山城国统治

应仁之乱结束后，控制南山城的西军撤退，畠山政长就任山城守护。如前所述，因权力衰退，幕府无法指望从全国获得收入，幕府于是试图通过强化对附近的山城国的掠夺来达到财政重建的目的。

但是，本应该担负起幕府统治山城重任的畠山政长，在畠山义就的猛烈攻势下疲于防守。文明十四年（1482）末到文明十五年正月，宇治以南的南山城三郡（相乐、缀喜、久世）都成了畠山义就的势力范围，幕府的影响力完全无法波及。

畠山政长的守护统治已然功能不全，幕府只得寻求别的统治山城的办法。文明十三年，足利义政试探赤松政则就任山城守护一事。因为当时赤松政则是侍所所司，而侍所所司兼任山城守护是古来惯例。但赤松政则的回复是："虽光荣之至，但我身上担子很重，还请原谅。"（《亲元日记》）

不过，这是意料之中的。赤松政则虽然是肩负守卫京都治安之责的侍所所司，却将事务全部交给重臣浦上则宗，自己去了本营播磨。赤松政则正忙着与邻接的山名政清作战，无暇顾及山城的事务。

文明十四年十二月，足利义尚与日野富子打算放弃处于劣势的畠山政长，转而支持畠山义就。足利义政将此方案撤回，父子矛盾再次激化。寻尊感到担忧："京都怕是要再度爆发大乱了。"难以否认的是，幕府首脑的意见不合，加剧了山城的混乱。

文明十五年正月，足利义政意欲任命若狭守护武田国信为山城守护。国信却拒绝说："我不出任。"接着又命令在京的浦上则宗，浦上则宗也推辞说："兵力不足，无法驱逐义就一方的势力。"（《大乘院寺社杂事记》）

既然山城守护一职无人接手，就只有维持已弱化的畠山政长这一条路了。当年八月十五日，足利义政许可畠山政长征收宇治川以南寺社本所领田租一半为军费。二十三日，经足利义政申请，后土御门天皇下发处罚畠山义就的纶旨，义就被指为"朝敌"。（《后法兴院记》）

然而，状况毫无好转。文明十六年九月，足利义政解除了畠山政长的山城守护一职，将山城国改为御料国（幕府直辖），任命幕府财政负责人、政所执事伊势贞宗（伊势贞亲嫡子）为代官。足利义政指示贞宗，要全力保护寺社本所领。（《大乘院寺社杂事记》）

可是，在两畠山军队对峙的战乱状态之下，几乎没有自己的军事力量的伊势贞宗无法管理山城。最终，只要停战不能实现，山城国的收益就无法获取。

山城国一揆暴动

文明十七年（1485）七月，奉畠山义就之命驻守南山城的斋藤彦次郎突然反叛，投入政长一方。（《大乘院寺社杂事记》《后法兴院记》）突然反叛原因不明，但据川冈勉所指，原因可能是畠山义就与斋藤彦次郎在南山城管理一事上存在分歧。

最初，畠山义就是侵入山城国的侵略者，但占领南山城后，为了取得当地势力的支持，开始重视起占领行政来。畠山义就强调对寺社本所领的保护，任命奉行三人。但这样的政策，对于依靠对当地庄园的掠夺来获取军费的斋藤彦次郎而言是无法容忍的。幕府向归降的彦次郎承诺，将畠山义就控制的南山城寺社本所领交给他。

畠山政长没有错过机会，转为攻势。没落的政长一方的筒井顺尊等大和牢人也出兵南山城，十月十四日在光明山（位于今京都府木津川市山城町绮田）一带布阵。斋藤彦次郎也从宇治南下呼应，开始进攻义就一方的城池。

畠山义就一方的古市氏也举全军出战。寻尊听说不仅家主古市澄胤，连隐居的古市胤荣也出战了，担心奈良防卫薄弱，试图劝阻，但古市氏断然拒绝，依旧出兵。

畠山政长一方，斋藤、筒井、十市等兵力一千五百，畠山义就的重臣誉田正康所率河内军七百，古市郡三百，义就一方处于劣势。于是，誉田和古市向越智求援，越智家荣之子家令出战。（《大乘院寺社杂事记》）

两军在山城国久世、缀喜两郡边境对峙。因为双方都集结了全部兵力，都不轻举妄动，对峙长久持续，仿佛京都的应仁之乱一样。古市澄胤要负责春日社的神事工作，打算回大和，但被担心战力受损的誉田阻止。寻尊听闻此事,愤怒地说:"总有一天神明要惩罚他。"

双方未能找到决胜战机,无所作为,坚守不出。两军四处设立关卡,实施盘查,京都与奈良的交通被阻断,两军对庄园的侵略也在激化(征收民夫、物资)。寻尊记录谣言说"细川政元被任命为山城守护",这也反映了寻尊的期待吧。让坐拥最大军事力量、对山城有极大影响力的细川政元收拾局面,是最现实的选择。

但打破局面的不是细川政元而是南山城的国人(地方武士)。十二月,他们结成"国一揆"同盟,要求两畠山军撤退。国一揆施加压力,若哪一方不接受要求,就对其发起攻击,两军无可奈何,只得撤兵。(《后法兴院记》)这就是著名的"山城国一揆"。若打个比方,大概相当于瑞士的"武装中立"吧。

两军的长期对峙,不仅给在南山城有庄园的兴福寺、石清水八幡宫等庄园领主带来困扰,也给山城国的国人带来极大麻烦。因为两畠山的进驻,他们无论答不答应都被卷入战争中,并无积极作战之意。两军的主力是河内、大和、伊贺等他国的武士,自己的领地遭到他国武士的肆意践踏,山城的国人甚感苦恼。像狛氏、水主氏等这样连自己的居城也被夺去的山城国人也并不罕见。

国一揆打出的主要政策是:第一,禁止两畠山军再次侵略山城;第二,归还寺社本所领;第三,禁止设立新关卡。寻尊的继任者政觉听到第二条,欣喜万分。(《政觉大僧正记》)寻尊基本也表示欢迎,但对南山城国人结成"一揆",驱逐两畠山这种"下克上"的行为抱着复杂的心情。对尊重秩序的寻尊而言,这并不是能够放手支持的结果。

事实上，国一揆之所以宣布归还寺社本所领，并不是为了寺社本所而考虑。这些山城国人所谓的寺社本所领归还，具体来说就是不得任命大和众徒、国民等"他国人"为庄园代官的意思。（《狛野庄加地子方纳账》）

两畠山军进入南山城时，他们凭武力就任各庄园的代官，"合法地"征收田租。国一揆的方针是驱逐这些"侵略者"，恢复寺社本所的"直务（直辖）"，但在这个时代，直辖管理是极为困难的。虽一度实施直辖管理，但最终大部分还是任命山城的国人为代官。现在山城国一揆的成员狛氏，希望出任次年，即文明十八年兴福寺下属狛野庄的代官，这与执着于直辖的寻尊的观点产生了冲突。因此，山城国一揆的寺社本所领归还政策，与足利义政的寺社本所领返还政策一样，真实目的都是扩大自己的利益而已。

文明十八年二月，山城国人在宇治平等院集会，制定"国中掟法"。（《大乘院寺社杂事记》）此后，南山城国人开展自治。自治的机构被叫作"总国"①。对此，足利义政任命伊势贞陆（伊势贞宗嫡子）为山城守护，终归还是要表明幕府直辖山城国的意思。（《大乘院寺社杂事记》）

但是，他对"总国"没有采取强硬的武力镇压之策，而是事实上默认了国人的自治。到目前为止，南山城在畠山义就的军事占领之下脱离了幕府的统治，因此足利义政判断现在义就撤兵是状况的"改善"吧。南山城"总国"成员进藤氏是伊势氏的家臣，幕府通过进藤氏对"总国"做工作是可能的。

---

① "总"是中世常见的用语，常用来指代具有一定自治性质的共同组织。譬如总村、总寺、总国、总社。

此外，以畠山义就撤出南山城为契机，当年三月，足利义政、义尚二人决定赦免畠山义就。(《大乘院寺社杂事记》《后法兴院记》《长兴宿祢记》) 应仁之乱爆发后约二十年，畠山义就终于被赦免了。应仁之乱的战后工作自此结束。一般往往认为乱后的幕府走向衰退，但不可忽视的是，至少在畿内（山城、大和、河内、和泉、摄津）地区，一定程度的政治安定还是实现了。

细川政元的想法

关于山城国一揆，战后长时间被视为"居民的自治共和国建设运动"，其反权力斗争性质得到了高度评价。但到了二十世纪八十年代，有学者提出细川政元黑幕说，即细川政元暗中指使山城国人，将畠山势力从南山城排除出去，试图将其置于自己的控制之下。

这一说法的主要根据是，据《狛野庄加地子方纳账》，主导国一揆的"国中三十六人众"大部分效力于细川政元。细川政元是个阴谋家，日后与日野富子携手，胆大包天地发动明应政变（第四节详述），因此认为细川政元与山城国一揆有关也并非没有可能。

然而，找不到细川政元介入山城国一揆的痕迹。或许可以反驳说，正因为他是个巧妙的阴谋家，才没在史料上留下痕迹，但到底还是太不自然。若细川政元觊觎山城领土，那就应该图谋出任山城守护，暗中操纵山城国一揆这种方法也太过绕弯子了。

细川氏与山城国人的关系，本来就不是细川政元这一代建立起来的。康正三年（1457）九月，曾经发生过畠山义就军以奉幕府之命为名讨伐山城国人木津氏，出兵南山城的事件。当时，越智家荣为呼应畠山军,意图进军木津,"山城众十六人"遂结成一揆同盟,协助木津氏,木津氏的主君细川胜元也摆出了支援木津氏的态势。(《经觉私要钞》)最终证实,讨伐木津的命令是畠山义就散布的谣言,事情于是了结。畠山义就擅自发动军事行动,使将军足利义政大怒,这也是畠山义就失势的原因之一。

大概就是这时,"山城众十六人"为了对抗畠山义就的压力而投入了细川胜元麾下。应仁之乱爆发后,他们中多数参加了细川胜元率领的东军。但西军大内政弘军进攻南山城时,"山城国十六人众"的大部分投降了。应仁之乱结束,大内军撤退,山城国人再次投靠细川氏。可能在这一过程中,"山城国十六人众"扩大为"国中三十六人众"了吧。这样似乎可以说明细川氏与山城的国人早有来往,但他们之间的关系绝对称不上牢靠。

并非一定是山城国人不忠诚。中世武士并不需要对主君保持绝对忠诚,主君若不能尽保护家臣之义务,那么家臣即便抛弃主君,也不会受到非议。(参见拙著《一揆的原理》)以前的定论认为,守护积极地将国人纳为家臣,建立自己的王国,这就是"守护领国制论",但近年来学术界一般认为,主动与守护等实力派结成主从关系的其实正是国人一方。通俗地说就是"家臣选择主君"。

在南山城与两畠山的对抗之中,细川政元并没有积极支援"国中三十六人众",仅仅对他们的艰难处境抱以旁观态度而已。这样的细川政元会唆使"国中三十六人众"发动一揆,是不可能的。由于在南山城"总国"成立后,"国中三十六人众"依旧与细川政元维持来往,所以将山城国一揆看成反权力斗争这种传统解释无疑是站不住脚的。然而,细川政元暗中操纵山城国一揆这种说法,则过度轻视了国人的自立性和主体性。国人凭自己的力量驱逐两畠山,取代守护统治南山城,他们的历史意义应当得到正当评价。

并且,细川政元对救援"国中三十六人众"踯躅不前,应该是不希望介入两畠山的纷争。从细川政元身为幕府管领的立场来说,他理应支援畠山政长,讨伐悖逆幕府的畠山义就。但细川政元试图避免让军事上处于优势地位的畠山义就成为敌人。

细川政元的这种消极态度以前也曾出现。文明十四年(1482)三月,为讨伐从河内到摄津不断扩张势力的畠山义就,细川政元与畠山政长联军从京都出击,但七月,细川政元与义就单方面停战了,条件是畠山义就把摄津欠郡(西成、东生、住吉三郡)割与细川政元,细川政元则将河内十七处庄园群归还义就。(《大乘院寺社杂事记》)

换言之,细川政元的态度是利己的,只要畠山义就不插手自己的领国摄津国,他发动的军事行动就与自己无关。因此,畠山政长夺回河内的作战失败了。此后细川政元不愿插手南山城攻防战,应该也是出于同样的理由。细川政元不愿收拾局面,于是反而是山城国一揆奋起反抗。细川政元与畠山政长之间出现裂痕,为明应政变埋下了伏笔。

孤立的将军

足利义尚自立

文明十七年(1485)四月,因为与将军会面的顺序,幕府的奉公众①与奉行人②产生了分歧。(《后法兴院记》)奉公众就是将军的亲卫队，是武官；而奉行人则全权负责文书行政，是文官。奉行人本来身份低微，但随着幕府机构的扩大，其重要性日益增加，于是也谋求提升自己的地位。两者的争执扩大，除了一人，奉行人全体罢工了。

五月十七日，在东山山庄隐居的足利义政对此深感忧虑，于是命令奉行人的首领布施英基隐居，布施英基表示拒绝。(《十轮院内府记》)布施英基、饭尾元连准备袭击奉公众，将宅邸改筑为要塞，修筑箭楼。(《亲长卿记》)将军足利义尚将其视为对自己的反抗，遂命令奉公众制伏布施英基。(《十轮院内府记》)二十三日，奉公众数百骑穿戴甲胄，拥向布施宅邸，但因细川政元调停，没能打得起来，细川政元让家臣放跑了布施英基。(《亲长卿记》《实隆公记》《十轮院内府记》)

当月二十五日，因为奉公众攻击布施英基宅邸，饭尾元连等四十余奉行人愤而出家，躲藏起来，幕府政务陷入停滞。(《亲长卿记》《实隆公记》《十轮院内府记》)也因为这件事情的缘故，六月十五日足利义政也出家了。(《人乘院寺社杂事记》)

八月十五日，三十三名奉行人响应足利义政的召回，还俗、复职。(《亲元日记》)看起来事情算告一段落了，但因为足利义政允许事件当事人布施英基复职，引发奉公众反抗。十二月二十六日，布施英基与其子善十郎赴东山山庄与足利义政会面，随后前往足利义尚的小川御所，在那里被奉公众暗杀，其理由是

---

① 直属将军的御家人。
② 担当行政、审判等事务的管理人员。

"东山殿（足利义政）或许会饶恕他的罪过，但室町殿（足利义尚）还没有饶恕他"。(《大乘院寺社杂事记》《亲长卿记》《实隆公记》《荫凉轩日录》)奉公众在殿中实施暴行，是受到足利义尚认可的吧。

这一事件直接体现了大乱后室町幕府的权力构造，此事历来被研究者重视。寻尊敏锐地评价道："东山殿（足利义政）是奉行一方，室町殿（足利义尚）是近臣一方。"这一事件是足利义政、足利义尚父子对立，与奉行人、奉公众对立相结合的结果。

应仁之乱以前，维持着室町幕府的是兼任多国守护的在京大名们。(参见拙著《日本中世战争史》)镇压大和永享之乱与畠山义就讨伐战中，讨伐军的主力是大名的军队，因而说是大名联军并不过分。(参见第一章、第二章)

然而，应仁之乱结束后，大名们一个个回到领国。从斯波义敏、义宽父子对越前的统治被朝仓孝景取代的例子可以看出，守护将领国统治交给守护代，自己留在京都，已经是有百害而无一利了。前面谈到赤松政则，他到了让重臣浦上则宗留在京都，自己回到领国的地步，发生了堪称"逆转"的现象。如此一来，文明十五年还在京都的大名仅剩下细川一族和一色义直了（畠山政长正与畠山义就交战中）。在大名们不在京都的状况下，幕府内奉公众和奉行人的存在感就相对提高了。

于是，奉公众与奉行人会争夺主导权就是理所当然的了。但在平时，作为行政官员的奉行人明显更有利。稍微有些被压制的奉公众会接近被足利义政压制的足利义尚，可以说是必然的。足利义尚想要亲自决断，但奉行人并不立即写成文书，而是"暗中请示东山御所（足利义政）的意见"，想取得足利义政的许可。（《松尾神社记录》）足利义尚因此十分不快。而且，足利义尚与文化人足利义政不同，是个爱好射犬、猎鹰，喜好武力之人，因此和奉公众更容易亲近。足利义尚与奉公众积压的不满，导致了布施英基暗杀事件。

事件之后，足利义政更加失去对政务的兴趣，他向周围人透露："既然没有人听我的命令，我以后再不过问政事。"长享元年（1487）七月，相国寺万松轩的住持宗山等贵向足利义政上诉，希望认可其对若狭国向笠庄（今福井县三方上中郡若狭町向笠）的直辖管理（驱逐反抗的现任代官），足利义政却闭门不见，表示："我现在已经不再过问诉讼之事。"（《荫凉轩日录》）这样，原本被足利义政和足利义尚一分为二的将军权力集中到足利义尚一人身上。

但足利义政并非一直贯彻他的初衷，此后也反复无常地过问过政治。比较典型的一件事是，足利义尚已许可奉公众佐竹光明担任相国寺领地美浓国西山口乡的代官，却因相国寺反对，足利义政宣布足利义尚的任命无效。（《荫凉轩日录》）足利义政要求足利义尚撤回他的裁决，却被足利义尚拒绝，于是足利义政独自裁定将西山口乡归还相国寺。实施这样的"调停"，足利义政会从寺院收到谢礼，因而可见他并不是完全放弃了自己的权力。

足利义尚就任将军后，足利义政依旧参与政务，原本的理由是辅佐年幼的足利义尚。但足利义尚成年后，足利义政虽几度宣告引退，却依旧干预其执政。对于渴望以唯一绝对将军的身份实施单独统治的足利义尚而言，父亲足利义政的存在如今已完全是个障碍了。

足利义尚亲征近江

长享元年（1487）九月，为了讨伐近江守护六角高赖，将军足利义尚亲自率军出兵。京都的群众聚集前来观看，看到青年将军英姿飒爽的样子之后，纷纷双手合十而拜。"这是真的征夷大将军啊。"欢声雷动。（《鹿苑日录》）连对足利义尚的资质没有信心的寻尊，在知道近江的兴福寺领属庄园被归还后也十分感激，特地上京送足利义尚出征。"一天中独一无二的光景，莫过于此。"寻尊在日记中这样写道。

正如一条兼良在《樵谈治要》中所说："在守护等不遵命令之时，征夷大将军应该兴起义兵，速战速决。"世间对将军的认识，不是足利义政那种闭门不出的文化人，而是临阵指挥的武家首领。事实上，如果足利义政作为东军主帅出战，应仁之乱或许能早早结束。足利义尚把父亲视作反面教材，希望成为一个理想的将军。

讨伐的公开理由是："六角高赖趁应仁之乱占领近江的寺社本所领和奉公众的领地，幕府数度下达归还命令，却拒不听从。"（《亲长卿记》《长兴宿祢记》）换言之，本次出兵是足利义政以来的寺社本所领返还政策的延续，因此寻尊也很高兴。但是，足利义尚的真实目的并不在此。本次出兵的契机是，七月，领地在近江的四十六名奉公众向足利义尚状告六角高赖的暴行，称六角高赖掠夺他们的领地，有人甚至因此饿死。（《荫凉轩日录》）也就是说，寺社本所领返还不过是旗号而已，现实的重点是恢复奉公众的领地。

足利义尚命令返回各自领国的大名们上京，参加六角高赖讨伐战。即便如此，诸位大名多数仅派遣子嗣或家臣代其参战，自己并不出动。(《常德院殿样江州御动坐当时在阵众着到》《亲长卿记》《荫凉轩日录》)将领国内的寺社本所领、奉公众领地编入守护麾下的,不止六角高赖一人,其他大名也是一样。(《长兴宿祢记》)明天就轮到自己了,有这种担心的诸位大名对六角讨伐战犹豫不决是自然而然的事。细川政元也只是作为管领不得不追随足利义尚出战而已。百濑今朝雄评价说,讨伐军的主力是奉公众,是奉公众把足利义尚从京都抬到了近江。

兴致高昂的大名为数不多,斯波义宽是其中之一。斯波义宽率五千兵力参战,被足利义尚任命为讨伐军主将。如前所述,投靠东军的朝仓孝景以尊奉斯波义宽为主君的名义获得了大义名分,得以驱逐西军甲斐氏,成功控制越前。但随着越前局势逐渐安定,朝仓孝景开始反抗斯波义宽。应仁之乱结束后,朝仓孝景与斯波义宽为越前的控制权大打出手。朝仓孝景死后,战斗仍在持续,直到斯波义宽终于放弃争夺越前,于文明十五年(1483)去了自己领国之一的尾张国。斯波义宽试图通过六角讨伐战积攒战功,让足利义尚准许自己恢复对越前的统治。

六角高赖一战战败,很快就躲藏起来,此后仅有少数六角家臣进行零星抵抗。然而足利义尚并不打算回京,而是继续待在军中。足利义尚出兵时,向寺社本所承诺把被六角氏夺走的领地归还他们,此时却把寺社本所领的田租征收为军费使用。(《后法兴院记》《长兴宿祢记》)这样一来,寺社与公家没得到一点好处。

奉公众应该也不愿长期出兵,因此,把六角讨伐战单纯解释为足利义尚应那些在近江有领地的奉公众的愿望发兵是解释不通的。足利义尚应该有明确的目的。

这里需要注意的是，不仅是在京的奉公众，连身在京都以外的奉公众也出兵了。因为应仁之乱的缘故，为了维持领地而离开京都的奉公众不断出现，作为近臣侍奉将军的奉公众人数减少。足利义尚利用亲征近江的机会，试图让应仁之乱中离散的奉公众重新集合到自己的麾下。这一军事动员不单要恢复奉公众的人数，也要提高奉公众的素质，通过在战场上共同作战，强化将军与奉公众的主从关系。

这还不只是对奉公众的政策，足利义尚还把奉行人也带来了。足利义尚滞留的钩之阵（位于今滋贺县栗东市），事实上是个行政机关，奉行人在此工作。但是，伊势贞宗、饭尾元连、松田数秀等足利义政政务中的关键吏员留在了京都。足利义尚费力把幕府的政治机关搬到近江，以摆脱足利义政的干涉。

然而，如设乐熏所指出的，近江的奉行人也有依照足利义政的指示行动的情况，足利义政的影响力并没能完全排除。足利义尚为了切实掌控奉行人，不得不继续驻扎在近江。

但是，驻扎近江的时间越长，足利义尚与诸势力的摩擦就越多。反对屯军近江的诸势力之首就是细川政元。细川政元的消极态度广为人知，他在大津三井寺驻屯，并不鲁莽地前进到钩之阵，而且还有传闻说正是政元重臣安富元家与上原元秀引路放跑了六角高赖。(《长兴宿祢记》)长享元年十一月，细川政元向足利义尚进言撤往坂本（今大津市坂本），却未被接受。(《大乘院寺社杂事记》)

十二月，细川政元弹劾专横的足利义尚亲信结城政广、尚隆兄弟，二阶堂政行等，要求足利义尚处罚他们。(《大乘院寺社杂事记》)但是，足利义尚非但没有排斥他们，甚至更加倾向亲信政治了。加上富坚政亲回到加贺，斯波义宽返回尾张等，诸位大名优先考虑领国事务离开战场，已经没有别的道路留给足利义尚了。

将军的亲信近臣势力与诸位大名的对立是必然的，也是无可奈何的。但是，结城政广等狐假虎威，借将军之名追逐私利，奉公众也十分反感。(《大乘院寺社杂事记》)他们这些将军亲信，应该是连接奉公众与足利义尚的纽带，却并非一定代表奉公众的利益，反而游离在奉公众之外。

长享三年（1489，八月二十一日改元延德）三月，足利义尚（长享二年六月改名足利义熙）病重。母亲日野富子慌慌张张地跑到钩之阵看望。(《后法兴院记》)足利义尚的病因可能是饮酒过量，据说他在病床上仍饮酒不止。(《大乘院寺社杂事记》)二十六日，足利义尚病逝（终年二十五岁），讨伐军未能实现目的便护送着足利义尚的遗骸回京了。失去庇护者的结城兄弟与二阶堂政行不知去向。

虽然足利义尚未尽其志就倒在半途，但即便他能够延长些寿命，目标能否实现也令人怀疑。足利义尚与细川政元等大名之间的隔阂很深，亲信近臣与奉公众的关系也在恶化。可以说，病魔把足利义尚从四面楚歌的境地解放出来了吧。

足利义材政权诞生

足利义尚亡故，下任将军由谁继任成了话题。除了足利义尚，足利义政并无男嗣，只能从近亲属之中选择继任者。候选人有足利义政的弟弟足利义视的嫡子足利义材，和足利义政庶兄政知的儿子清晃（已出家，在天龙寺香严院）。换言之，足利义政的两个侄子成了候选人。

细川政元推戴清晃。一旦足利义材继任将军，其父足利义视无疑将上京，担当足利义材的监护人。应仁之乱中，细川氏是东军主力，与被西军推戴的足利义视有仇。因此，细川政元对能够造成足利义视复出的义材将军方案表示反对。(《大乘院寺社杂事记》)与二十四岁的足利义材不同，清晃才九岁，年纪尚幼，便于驾驭，细川政元应该也有这样的考虑。顺便一提，清晃的父亲政知担负统治关东的重任，去了伊豆（堀越公方），很难上京。

然而，日野富子支持足利义材，因为义材是她的妹妹日野良子所生。足利义政与日野富子态度一致。(《大乘院寺社杂事记》)因细川政元的阻挠，身在美浓的足利义视、义材父子没能参加四月九日足利义尚的葬礼。(《宗贤卿记》)他们于十四日抵达京都。十九日，足利义材前往小川御所，与日野富子会面。(《后法兴院记》《亲长卿记》《实隆公记》)下任将军已非他莫属。但是细川政元又再度反扑，义材的将军就任一事暂停，政务由足利义政处理。(《大乘院寺社杂事记》)

次年，即延德二年（1490）正月七日，足利义政去世（终年五十六岁）。这样，足利义材出任将军只是时间问题，其父足利义视掌握了幕府实权。公家与武士接连祝贺义视、义材父子。寻尊也于当月十六日上京，十八日与足利义视、义材父子会面，赠送太刀。

然而，因为小川殿的归属问题，日野富子与足利义视、义材父子的关系急剧恶化。小川殿是细川胜元所属的一处宅邸，应仁之乱中的文明三年（1471）起由足利义政使用。足利义政把将军之职让与足利义尚后，改筑小川殿，将其作为自己的隐居之所（小川御所）。不久后日野富子搬进小川御所，之后足利义尚也过去了，但最终足利义政、义尚与日野富子不和，搬出小川御所，于是文明十五年以后这里便成了日野富子的宅邸。日野富子想把这处宅邸归还给细川政元，但细川政元却推辞道："（足利义政、义尚）两代将军都曾在此居住，您将它归还于我，实在惶恐之至。"于是日野富子在四月二十七日将宅邸交给了清晃。（《荫凉轩日录》）

日野富子之所以把小川御所交给清晃，是出于对推戴他为将军的细川政元的关照吧。但是，这一决定刺激了足利义视、义材父子。小川殿虽然原本是细川氏的宅邸，但现在已被视为"将军御所"。小川御所到了清晃手上，其象征性意义不小。足利义视听到传言，说日野富子与细川政元欲扶清晃上位，于是在清晃进入小川御所之前，将小川御所捣毁。（《后法兴院记》《北野社家引付》）日野富子对足利义视的暴行大为愤怒，遂敌视足利义视、义材起来。

由于与日野富子不和，足利义材的将军就任推迟了，直到七月五日才获得朝廷的任命。将军判始等仪式需要管领出面，细川政元虽未拒绝，但仪式一结束，他就辞去了职务。（《延德二年将军宣下记》）他是在表明，自己不愿协助足利义视、义材父子执政。伊势贞宗也因为其父伊势贞亲与足利义视势同水火，对义材就任将军表示反对，于是将家督之位让给弟子贞陆后隐居，表态不合作。（《大乘院寺社杂事记》）

如上所述，足利义材的执政从一开始就具有众多不稳定因素。雪上加霜的是，十月，其母日野良子去世；次年正月，其父足利义视也以五十三岁之龄逝去。失去了作为后盾的双亲，足利义材越发陷入孤立。

足利义材在幕府内没有根基，于是同前任将军一样，倒向了亲信政治。足利义材的亲信中有名的几位是叶室光忠、种村视久、一色视房。叶室光忠是在应仁之乱前就与足利义视有交往的公家，种村视久和一色视房是在大乱前就侍奉足利义视的武士。奉行众中则有饭尾为修、矢野贞伦等原西幕府奉行人被重用。但是正如设乐熏所说，足利义材这样的人事安排招致老幕臣更大的反感，足利义材反而更加孤立。不满并没有迅速浮出表面，却为日后的破局埋下了隐患。

室町幕府落日

明应政变

长享三年（1489）七月，以回京及归还寺社本所领为条件，六条高赖得到了足利义政的赦免。如此一来，近江丰浦庄（今滋贺县近江八幡市安土町上丰浦、安土町下丰浦等）归还兴福寺一事也得以敲定，寻尊十分欣喜。然而，频频发生各地实际管理庄园的六角高赖家臣抵抗归还命令的事，传言说被幕府和家臣两面相逼的六角高赖隐居了。不仅是寺社本所领，奉公众的领地也被六角家臣蹂躏。但是，丰浦庄向大乘院上交了一定程度的田租，寻尊安下心来。

足利义材很早就开始计划亲征近江,但真正实现是在就任将军大约一年以后的延德三年(1491)八月。有个观点认为第二次六角讨伐战是由细川政元主导的,但这时细川政元正忙于平定其领国丹波国内爆发的国一揆,应该并不期盼出兵近江。因此,正如近年来的研究所指出的,本次出兵近江是足利义材个人强烈意愿的反映。足利义材命令奉公众出征,给予他们奖赏,以此来巩固自身的权力基础,这一见解应该更为妥当。

诸位大名的参加率还说得过去,讨伐军的规模并不逊色于第一次。寻尊觉得足利义材亲征会让大乘院对丰浦庄的控制更加牢固,于是这次也上京送他出征,并欢喜地说:"胜过常德院殿(足利义尚)的出征百倍。"特别引人注目的是,山名、大内、土岐、一色等旧西军诸将比前一次更为积极。他们对足利视之子足利义材抱有好感。

因安富元家、浦上则宗、织田敏定(斯波义宽重臣,尾张守护代)等的奋战,讨伐军连战连胜,于次年,即明应元年(1492)末胜利回京。虽然没能斩获六角高赖首级,寻尊也怀疑地说"没有实现作战目的就撤回来了吗",但因为连战连胜,足利义材心情很好,回京之后立马宣告"过了年就出兵河内"。

骁勇无双的畠山义就于延德二年十二月病逝(享年五十四岁),嫡子畠山基家(后来的义丰)继任之后,足利义材嗅到了出兵河内的机会。(《大乘院寺社杂事记》《后法兴院记》)但为了巩固奉公众的支持,他还是优先出兵近江。近江的问题告一段落之后,终于到了解决河内问题的时候了。

明应二年正月，足利义材决定次月，即二月十五日发兵，命令从近江回到京都的诸将做好准备。此外，足利义材还向山城国各庄园征发民夫。(《荫凉轩日录》《廿一口方评定引付》) 南山城的大乘院领地菅井庄（今京都府相乐郡精华町菅井）也遵照命令派出了民夫。

足利义材按照预定计划于二月十五日从京都出发，经源氏氏神石清水八幡宫进入河内，二十四日在正觉寺（今大阪市平野区加美正觉寺的旭神社内）扎营。(《大乘院寺社杂事记》《荫凉轩日录》) 与畠山基家的据点高屋城（位于今大阪府羽曳野市内）距离约十公里。兵力占优的幕府军处于优势地位，逐渐缩小包围圈，迫近高屋城。

然而，这时发生了惊天动地的大事件。四月二十四日晚，留守京都的细川政元与日野富子、伊势贞宗合谋起兵，拥立清晃为将军（足利义遐，后来改名义高、义澄）。这就是明应政变。

细川政元是从何时开始计划政变的呢？延德三年二月，没有子嗣的细川政元收九条政基之子聪明丸（后来的细川澄之）做养子。聪明丸的母亲与清晃的母亲是姐妹，可以说，他这时仍未放弃拥立清晃为将军的野心。

细川政元开始具体策划阴谋，应该是在足利义材出兵近江的时候吧。寻尊知道，细川政元私下与畠山基家及越智家荣有联系。他以为这是细川政元为了向足利义材请求赦免畠山基家而做的准备，但其实这时候谋划应该已经开始了。如前所述，近江亲征以前，足利义材出兵河内的意愿就已经泄露，细川政元预计不久畠山基家就会成为讨伐对象。无疑，他反复推敲了作战计划，打算趁足利义材进军河内之机占领京都，与畠山基家形成前后夹击之势。若非如此，处在绝对不利状况之下的畠山基家既不逃亡也不愿投降，就无法解释了。

足利义材出发前，细川政元举办宴会招待足利义材，隐藏自己的野心。寻尊在三月二十一日就听说了新将军拥立的传言，从这一点来看，完全没有意识到阴谋的足利义材是何等愚蠢。

听闻反足利义材派占领京都，各大名与奉公众接连抛弃义材，回到京都。(《荫凉轩日录》《亲长卿记》《后法兴院记》《言国卿记》)最后留在足利义材身边的幕臣，据说仅四十人而已。

将军指挥下的大军会如此烟消云散，有人指出其原因之一是出兵河内本来就师出无名。出兵近江尚有恢复寺社本所领这一大义名分在，出兵河内则没有。确实，畠山义就堪称应仁之乱的元凶，大乱结束后也轻视幕府权威，但畠山义就早已不在人世，后继者畠山基家完全没有反抗幕府的行动，让他和平归降也并非不可能。虽说畠山基家讨伐军大军云集，但寻尊观察到，各位大名战意低下，可谓正中其要。

对足利义材所依靠的奉公众来说，出兵河内不过是徒增困扰而已。出兵河内是在足利义材接受畠山政长的请求后开始的。(《亲长卿记》《荫凉轩日录》)目的是为持续四十年的畠山氏分裂打上休止符，巩固对将军恭顺的畠山政长的地盘，同时强化足利义材的权力。但是，这些事情与奉公众毫无关系。近江集中了奉公众的领地，但河内不同，出兵河内并不会给奉公众带来利益。足利义材在应仁之乱中属于西幕府，乱后长时间亡命美浓，他与那些一直以来侍奉足利义政、义尚的奉公众原本就关系薄弱。奉公众对足利义材重用叶室光忠等亲信的政策也表示不满。而足利义材与奉公众的薄弱关系因突如其来的政变暴露出来，造成奉公众大量叛逃。

此外，山田康弘指出，明应政变不是细川政元的单人政变，而是在日野富子、伊势贞宗的协同下实施的，这一点十分重要。足利义政逝去后，日野富子成为事实上的足利将军家"家长"。承久之乱时，"尼将军"北条政子的演说将镰仓幕府的御家人团结起来，这一次足利义政的正妻、义尚的生母日野富子积极支持清晃，应当对幕臣的选择造成了极大的影响。此外，伊势贞宗这位支持足利义政和义尚的上级幕臣的策动，也起到了同样的效果。

政变发生后，河内的战况当即逆转。足利义材与畠山政长、尚庆（后来的尚顺）父子被困于正觉寺。闰四月二十五日，正觉寺陷落，畠山政长自尽，尚庆逃亡纪伊，足利义材被捕获，押送京都，幽禁在上原元秀的宅邸。

但六月末，足利义材从上原宅邸逃出，逃亡越中，宣告自己才是正统的将军。一部分奉公众和奉行人离开京都去了足利义材处，也有不少大名支持义材，于是形成了足利义高（后来的义澄，以下统称义澄）与足利义材（后来的义尹、义稙，以下统称义稙）"两将军"并立的局面。这样的对峙在义澄、义稙世代没能决出胜负，他们各自的继任者继续竞争将军之位，持续斗争，"两将军"并立成为常态。当然，如果一方被朝廷任命为征夷大将军，那么另一方就无法成为正式的将军，但这样的形式已然没有意义了。朝廷只不过是机械地任命京都的控制者为将军而已，将军毕竟不过是"当时控制京都的人物"而已。"伪将军"若夺回京都，一夜之间就可以摇身一变成为"真将军"。

以往的研究认为，应仁之乱后的室町幕府有名无实，对它的研究价值并不重视。但是，以二十世纪七十年代今谷明的一系列研究为契机，对战国时代幕府的研究得以推进，并证实应仁之乱后的幕府也具有一定研究价值。战国时代的畿内政治史被理解为"两个幕府"的对抗史，而自"两个幕府"的对抗起于明应政变的观点被提出以来，一种新的观点应运而生，也就是应仁之乱并不是战国时代的起点，明应政变才是。

的确，臣下废立将军的明应政变是"下克上"的极致，前无古人。细川政元可以说是织田信长的大前辈，要对他的先驱性予以高度评价的声音愈发响亮，这一点不难理解。

然而，已有将军存在的情况下另立别的将军，这种构想可不是细川政元的独创。百濑今朝雄一语道破，这一构想的发明者正是应仁之乱的西军。假设西军战胜了东军，足利义政会被从将军之位上拉下来，足利义视将担任新将军吧。细川政元只不过是模仿了西军的战略而已。

如前所述，此后的畿内政治史，以"足利义澄—足利义晴（义澄之子）—足利义辉（义晴之子）—足利义昭（义辉之弟）"与"足利义稙—足利义维（义稙养子）—足利义荣（义维之子）"这"两将军"的对抗为中心展开。一般这种情况被描述为"义澄系"与"义稙系"的并立，若改变角度，也可以说是"义政系"与"义视系"的并立。

应仁之乱所派生出的政治对立到了大乱结束后仍未消除，此后仍将继续束缚着幕府要人们。

古市澄胤进攻南山城

伊势氏在成功实施明应政变后，加强了对山城国的控制。身兼政所执事与山城守护两职的伊势贞陆，以"山城国由将军直辖，纵有寺社本所领也应由守护管理"这一强硬的逻辑，对本来守护无权管理的寺社本所领庄园发动了侵略。

伊势氏的强硬态度引发了巨大的反抗。明应二年（1493）九月五日，伊势氏家臣侵入西园寺家在山城的三个庄园，但遭到当地武士和百姓的抵抗，被赶了出去。伊势贞陆的面子丢得一干二净，于是想要辞去山城守护一职。（《大乘院寺社杂事记》）山城各地都发生了这样的反守护斗争，最后甚至连伊势氏家臣进藤氏都加入进来。

于是伊势贞陆任命古市澄胤为南山城相乐与缀喜两郡守护代。联想到山城国一揆是以驱逐"他国之辈"为旗号发起，那么这一人事安排的目的显然是对山城国人自治的否定，也就是对反守护斗争的武力镇压。此外，由于对寺社本所领实施侵略的伊势氏与在南山城有众多庄园的兴福寺可谓利益针锋相对，可以说古市澄胤抛弃了他作为兴福寺官符众徒的身份。

古市氏在应仁之乱中曾多次进驻下狛、木津等南山城要地。古市氏与这一地区的马借（运输业人士）关系也很密切，为掌握交通要道而竭尽全力。伊势贞陆起用古市澄胤，也是看中了他的成绩吧。

古市澄胤早就对南山城的经济利益十分关心，对他来说，两郡控制权得到承认简直是雪中送炭。虽然如此，此前古市氏一直与畠山义就、畠山基家及越智氏共同合作，从来没有单独发起过军事行动。仅仅靠贪欲，是没办法承担的。

山田康弘指出，伊势氏与古市氏通过兴福寺松林院走到了一起。文明十三年（1481），松林院兼雅逝去，其弟子贞就继承松林院，事实上这位贞就是伊势贞宗的弟弟。但是，松林院贞就未能解决兼雅时代就存在的经营困难问题，延德三年（1491），兴福寺学侣出面接手松林院的经营。但伊势贞陆插了一脚，于是改为由古市澄胤取代学侣来全权处理。寻尊愤怒不已，却无法拒绝幕府实力派伊势贞陆的介入。可以认为，以此事为契机，伊势氏与古市氏迅速靠近了。

明应二年九月十一日，古市澄胤军进攻南山城。古市家臣井上九郎向由南山城"总国"军数百人镇守的稻八妻城（位于今京都府相乐郡精华町北稻八间小字城山）发起进攻，给"总国"一方造成重大打击。（《大乘院寺社杂事记》《政觉大僧正记》《北野社家日记》）之所以稻八妻城会成为最初的攻击目标，是因为这是伊势氏的"叛徒"进藤氏的居城。（《荫凉轩日录》）山城国人虽持续抵抗，但战况基本上朝有利于古市的方向发展。

即便畠山基家、越智家荣不来援助（畠山基家此时出兵纪伊，越智家荣则与古市澄胤不和），古市氏攻击南山城也取得了成功，这一是因为"总国"内部出现分裂，也就是不少山城国人反叛到了伊势、古市一方的缘故。但这不是唯一的原因，很大程度上还因为细川政元反应迟缓。山城国人视细川政元为主君，他却没有积极救援的意思。因此，"国中三十八人众"之间萌生了对细川政元的不信任，甚至有人提出今后应当与赤松氏结成主从关系。（《大乘院寺社杂事记》）

为什么细川政元不救援"国中三十六人众"呢？今谷明认为，苦于领国丹波爆发的国一揆的细川政元，对曾驱逐两畠山势力的山城国一揆的实力十分担忧，为斩除将来的祸根，遂与古市联手镇压。然而，细川政元在十月对古市说，要求他保护那些侍奉自己的山城国人，十二月以后态度更为强硬，要求古市军撤退。（《大乘院寺社杂事记》）甚至还有传言说细川政元将讨伐古市，可见细川政元不曾抛弃山城国人，更不会去镇压他们。

但是，细川政元行动不够迅速，最终没能保护山城国人确实是事实。关于这一点，末柄丰的见解是，在义稙派仍可能发起反击的状况之下，细川政元试图回避与伊势氏的正面冲突，这一解释颇有说服力。既然打算暂且容忍伊势氏、古市氏对南山城的控制，他便难以采取对抗之措施。究竟是与伊势氏的同盟关系优先，还是与山城国人的主从关系优先，在细川京兆家（细川本家）内部好像也存在着派系斗争，细川政元前后不一致的对策也与这一状况有关。

明应政变之后的畿内形势并不一定会向着细川政元期望的方向发展。

终　章

应仁之乱的余波

守护在京制度的瓦解

　　什么是应仁之乱？如本书所述，这场大乱有不同的侧面，但本质上是两大大名联合体的冲突。大乱以这种形式爆发，可以从室町幕府的政治体制中寻找原因。

　　前著《日本中世战争史》中曾讲到，诞生之初的室町幕府曾备受诸将反叛的困扰。南北朝内乱平息后，幕府命令在地方作战的诸将上京，诸将原则上有在京的义务。这是想要监视、控制他们。另一方面，兼任数国守护之职的实力派武将作为"大名"，被许可参与幕府决策。这就是守护在京制度。曾有研究者将室町幕府定义为大名联合政权，正是出于这个原因。

　　显然，在京都构筑了宅邸的大名们通过连歌、赏花等活动保持着交流，但不仅是大名与大名个人之间，大名家与大名家之间也有联系。纽带是大名的家臣。譬如说，幕府奉行人饭尾氏同族中，有人担任细川京兆家或赤松氏的在京奉行，细川京兆家的家臣上原氏或药师寺氏的同族当中，也有不少人担任细川氏分家、备中守护家或赤松氏的在京家臣。在京都活动的大名家臣们，通过同族关系与幕府或其他大名家连接起来，维持着以将军和各大名协商为基础的幕府政治的运行。

但是，如果将军领导力不足，大名们的横向联系就会形成派阀。比如嘉吉之变中将军足利义教被暗杀，将各大名团结在一起的核心丧失，细川、畠山两管领家开始争夺主导权。各大名不是集结于将军之下，而是分别投靠两管领家，于是细川派与畠山派的派阀斗争越发激烈。

细川胜元与山名宗全合作是为了压制畠山氏，当畠山氏因为内部纠纷而弱化时，细川氏与山名氏结盟的重要性就降低了。与山名氏领国接壤，备受其压迫的备中守护家等细川氏旁支本来就对与山名氏结盟抱否定态度。山名宗全一边，也对助力赤松氏复兴的细川胜元不信任。最终，新兴势力山名氏挑战霸权势力细川氏，应仁之乱爆发了。

然而，过度强调细川氏与山名氏的对立也是不对的。两者之间因斯波氏问题（山名宗全支持斯波义廉，细川胜元支持斯波义敏）和赤松氏问题（赤松政则与山名宗全敌对，而与细川胜元交好）等存在矛盾，但二者一直互相妥协，避免平衡被打破。两者的合作到文正政变驱逐伊势贞亲为止都还能维持，因此不能说细川氏与山名氏的冲突是注定的（参考第二章）。

第三章讲到，无论东军还是西军，都不是铁板一块。西军核心山名宗全与畠山义就的同盟诞生于文正政变之后，东军中发挥重大作用的斯波义敏和赤松政则迅速接近细川胜元，也是在他们的庇护者伊势贞亲失势之后。文正政变使将军亲信势力下台，政局一下子动荡起来，这时细川对山名的图式才变得鲜明。也就是说，两个阵营都是匆忙拼凑的集团，各大名的两极化并非导致大乱的主因。

那么，应仁之乱为什么爆发？家永遵嗣指出，统治关东的政策对立不容忽视，在偏远地区的竞争中，大名间的利益是相对较容易调和的。对在京的大名来说，比起在关东数度反叛的足利成氏，在畿南横冲直撞的畠山义就是更切实的问题。因而，应仁之乱爆发的直接原因是畠山义就上京。应仁之乱爆发后，足利义政试图让畠山义就回归领国，以此阻止战乱发展，这一事实也可作为旁证。然而，促成畠山义就上京的山名宗全最初的打算是无血政变，并没有要与细川一方打一场全面战争的计划。

让事态无法挽回地恶化的，是山名宗全对御灵之战的介入。即便与畠山政长一对一斗争，畠山义就也能取胜，山名宗全派遣援军之举只不过是画蛇添足。本来，各大名之间的合纵连横是防御性的、保守的，并不具备联合进攻的特征。畠山义就军受山名宗全支援，击破畠山政长，看起来像是细川胜元对政长见死不救，令细川胜元失掉了作为武士的面子。细川胜元之所以做出组织东军开战的决断，不用说，是听了成身院光宣等的进言，同时细川胜元也感到了危机，因为若不诉诸武力，容忍了山名宗全的暴行，就会失掉作为大名联盟盟主的声望。

如果问题只是细川与山名二者之间的利益冲突的话，通过交涉达成妥协是可能的。事实上，文明六年（1474），细川氏与山名氏先于诸将开始媾和，两家根本算不上不共戴天之敌。然而，由于细川胜元与山名宗全拉拢了众多大名，要想解决参战大名的全部问题，就变得极为困难。而且，战争长期化以后，各大名的受损程度越大，他们就越希望能取得足以抵消所付出的牺牲的成果,战争也就更加长期化,变成了恶性循环。从山名氏手中夺回旧领国的赤松政则反对与西军讲和,就是典型的例子。两军的矛盾核心不明确,两位盟主的领导能力有限,导致将军足利义政的调停不断失败。

后来,因大内政弘与斋藤妙椿的奋战,西军取得了局部的胜利,但由于补给线被东军切断,最终西军决定放弃战争。战争以拥戴将军足利义政的东军让叛军西军降伏的形式结束了,但大乱前后幕府的权力构造发生了剧变。特别要提出的是,大乱后大多数大名离开了京都,回到了自己的领国。这是因为能够保证大名管理领国的已不再是幕府对守护的任命,而是大名的实力了。

最近,上田浩介批判了应仁·文明之乱后守护在京制度立即崩溃的定论,认为足利义尚、足利义稙反复命令在领国的大名上京,成功使一部分大名回京这一事实不能忽视。但守护在京制度并不只是实力派守护(即大名)驻留京都,参与幕府活动而已。

重要的是,吸收各大名的意见,反映到幕府政治中的模式已经荡然无存。应仁之乱后不久,畠山政长就任管领,但畠山政长忙于讨伐畠山义就,并不怎么关心幕府政治。此后细川政元继任管领,但多次在就任管领仪式后立即辞职。应仁之乱前,团结各大名并领导幕府政治的管领一职是众人竞相争夺的对象,如今却被如此草率地对待,这一事实极好地体现了各大名远离幕府政治的情况。在各大名家之中,权力已由那些与别的家族有种种关系的在京家臣转移到扎根地方的领国出身家臣手中,在京的好处确实越来越少了。

大乱后勉强维持的守护在京原则,因明应政变而完全崩溃。

在京的各位大名一个接一个地回到了领国。政变后仍然存在支持足利义稙的大名，因政变被拥立上台的足利义澄缺乏正统性也是一个问题。即便如此，政变发动者细川政元自己仍不时离京，并没有积极辅佐足利义澄的意思。正如足利义澄感叹的"天下诸侯，各自在领国割据"（《鹿苑日录》），将军的权力基础仅剩下近臣和奉公众等直臣阶层而已了。

根据这样的事实，今谷明提出的细川政元发动政变是为了拥立傀儡将军，自己作为事实上的将军君临天下的说法是无法成立的。正如山田康弘所证实的，政变后主导幕府政治的是伊势贞宗，细川政元是从外部支持幕府。而且本来细川政元是否是明应政变的首谋者就存疑，甚至有一种观点认为，其实是与伊势贞宗关系亲密的细川政元重臣上原元秀说服细川政元发动政变。

从另行任用将军这种夸张的做法来看，我们常常不知不觉就会想象细川政元有垄断幕府政治、树立细川政权的野心。但应仁之乱后的幕府，是否真具有特地夺取的价值，尚有商榷的余地。细川政元参加明应政变的最大动机，应该是担忧因将军长期亲征河内，领国摄津会陷入混乱。从他背叛父亲细川胜元的盟友畠山政长这件事上也可以看出，为掌握幕府而需要高门第人物畠山政长的细川胜元，与把支援缺乏实力的政长视作重担的细川政元两者政治志向的差异。末柄丰指出，细川政元在京是为了以京都为节点，掌控摄津、丹波两个领国。与其他在领国的大名一样，比起幕府政治，细川政元更优先考虑的是领国的统治，这一见解是恰当的。

随着战国史研究的发展，应仁之乱后的将军并不只是装饰，而是具备一定权威和权力的存在,这一点越发明朗。然而不容忽视的是,如神田千里所指出的,战国时代的"天下"一词其实是五畿内的意思。战国时代将军统治区域的"天下",仅限定在京都周边。一般说的"守护大名"是以将军权威为背景实施领国统治;与之相对,战国大名是依靠自身实力统治各"国"。因此,将军无法干涉战国大名的内政。可以说,幕府变成了一个畿内政权。由于将军出面调停,战国大名之间偶尔也会出现纷争,将军地位高于大名这一点并未发生变化,但这与应仁之乱前将军与各大名在京都通过反复协商阻止战争、维持全国政治秩序的体制已经完全不同了。

室町幕府是各大名推戴将军为领袖的"一揆"同盟,可以这样评价。嘉吉之变后的政局使各大名的同盟一分为二,变为对立的两大阵营,引发了应仁之乱。但讽刺的是,挑起应仁之乱,同时也是应仁之乱主体的两大大名集团,随着战争结束一并解散了。接着,一直在幕府政治中被埋没的守护代阶层和远国守护,作为战国大名登上了历史舞台。以往以京都为中心的政治秩序被迫发生剧变,地方的时代开始了。

京都文化向地方的传播

守护在京制度的崩溃,也在文化上带来了很大的影响。下面参考末柄丰的研究来进行一个大致的说明。高中的日本史教科书也讲了室町时代文化向地方普及的状况,但一般的讲解说,其原因是公家躲避战乱,逃往地方。但是,这一现象其实与武士也有很大关系。

终　章　应仁之乱的余波

　　前面也已提到，除了奥羽、关东、九州等远国，守护原则上有在京的义务，领国的统治交由守护代管理。身兼数国守护的大名家，连守护代也住在京都，小守护代（又守护代）在地方活动。当然，守护并不是一个人待在京都，通常情况下是与两三百名家臣一起在京都生活。

　　而且居住在京都的，不只是与守护有关的人。如本书所述，政所执事、奉行人这样的幕府政务机构职员，或者将军亲卫队奉公众，日常情况下也在将军身边侍奉。考虑到他们各自还有家族及手下人跟随，人数必然庞大。

　　有一个说法，应仁之乱前京都人口大约有十万，其中与武家有关的达到了三四万。

　　这些在京武士或是与贵族、五山僧① 连歌唱和，或是乐于茶道等，歌颂京都的文化生活，并派遣代官来管理自己在地方的领地。他们和那些统治着远处的寺社本所领的京都贵族、僧侣一样，都是"不在地主"。

　　提到室町文化的创造者，一般会想到二条良基② 或一条兼良这样的贵族，或是绝海中津、义堂周信③ 这样的禅僧。但是不应忽视的是，通过与贵族和禅僧的交流，武士们的文化水平也提高了不少。

　　连歌师宗祇在连歌集《竹林抄》中，列举了应仁之乱前活跃的著名连歌家"连歌七贤"。其中，高山宗砌、蜷川智蕴、杉原宗

---

① 五山禅僧。五山制度取自南宋，此时的五山指京都、镰仓共十一个禅宗寺院。
② 日本南北朝时代的公卿（1320—1388）。
③ 二者都是梦窗派的禅僧，前者曾入明留学，觐见明太祖朱元璋；后者是对足利义满影响极大的禅僧，著有日记《空华日用工夫略集》。

伊三位是武士。高山宗砌是山名宗全的家臣，蜷川智蕴是政所执事伊势氏的家臣，杉原宗伊是备后国出身的奉公众。因为守护或幕府职员、奉公众等为了顺利处理政务，需要日常交际，连歌对在京的武士而言就是必需的教养。

虽然如此，武士对室町文化做出的主要贡献与其说是创造者，不如说是资金提供者。那个时代，武士的财力超过公家和寺社，以将军为首的在京武士是京都文化的后援人。譬如能乐的集大成者世阿弥，就受足利义满的庇护，能阿弥（连歌七贤之一）是足利义教和足利义政的同朋众。由此可知，新的文化是在武家的经济支持之下百花齐放的。

应仁之乱中，守护代朝仓孝景迅速前往越前，夺取了守护斯波氏的领国，由这个事例可知，随着战乱的长期化，守护本人若不亲自去他的领国统率国人，他的统治就无法维持。于是，大乱结束后，在京都作战的大名一齐回到了领国。

另外，以一条兼良为首，为躲避战乱逃亡到奈良等地的贵族也为数不少，但他们多数在战后就回到了京都。因为奈良在畠山义就进军河内之后，变得比京都还要危险。然而，回京之后，多数贵族再度去了地方。为了解决经济困难，他们投靠了地方的守护和国人。

公家的动向常常更吸引人的注意，但需要注意的是，守护和守护代多数在大乱以前住在京都。以应仁之乱为契机，守护和守护代返回领国，这是公家奔赴地方的前提。正因为在应仁之乱前，在京都的武士就与贵族或僧侣有密切交流，并能理解他们的文化，如今武士在地方，飘零的贵族才会决定去地方。

应仁之乱后，往来于京都与地方之间的不只是贵族。譬如说，连歌师成为一种职业，在各地旅行，谋求生计，也是这一时期的事情。他们的目的地与贵族一样，是在领国的守护、守护代，或者实力派国人的宅邸。应仁之乱以前的连歌七贤，或是侍奉特定主君的在京武士（宗砌、智蕴、宗伊），或是属于特定寺院的僧侣（池坊专顺、心敬、行助），或是侍奉将军的同朋众（能阿弥），没有人仅以连歌谋生，他们都是业余艺术家。周游各地、以开办连歌会为业的专业连歌师是在应仁之乱后守护归国以后才出现的，其中乱后排名连歌界第一的是宗祇。

　　此外，十五世纪后半叶以后，居住在领国的守护和守护代在国内修建了豪华的宅邸。根据考古调查，全国各地都发现了这些守护宅邸（守护所）的遗址，其中大多数是建在平地上、边长一百五十至二百米左右的方形宅邸。宅邸内有举行连歌会或茶会的"会所"（会所大多面朝园林中的水池）。主殿、常御殿、远侍等配置通常都一样。对主君斯波氏发动了"下克上"的朝仓氏居城、越前一乘谷朝仓宅邸也不例外，并没有什么地方特色或个性。

　　这些守护宅邸的构造是对"花之御所"（室町殿）等将军宅邸的模仿。来到地方的守护或守护代怀念曾经在京都玩味的文化生活，于是试图在领国再现那些奢华时光。中世都市史研究者小岛道裕将这种京都文化在地方再造的状况称为"花之御所"体制。

　　此外，根据公家兼歌人冷泉为广记录的《越后下向日记》所述，越后守护上杉氏在府中修建的宅邸还附有举行猎犬活动的马场和能让宾客住宿的禅宗寺院。这种构造应该是对京都将军御所的模仿。很多守护宅邸都建在河流西岸，这应该是对建在鸭川以西的平安京的效仿吧。

周防守护大内氏在山口以京都为模型建造了一个地方都市。这个时不时被称作"小京都"的都市，是在大内氏对京都文化的憧憬之下诞生的。

另一方面，现实的京都之内，由于守护或奉公众回归领国居住，居民数骤减，街区的范围大幅缩小。战国时期的京都，是一个由以武家、公家为中心的上京，以町人为中心的下京，以及周边的寺社和门前街市等多个街区构成的复合都市。很多"洛中洛外图屏风"所描绘的豪华绚烂的花之都景象，其实不过是描绘想象中"虚构"的京都而已，与真实状况有巨大的差距。地方上"小京都"的频出和京都的荒废，是一体两面的事情。

战国大名与乡村

应仁之乱走向长期化、大规模化，两军都拼命从乡村征兵。幕府直接向乡村管理者下达命令，是从应仁之乱开始的。这很好地表现出了总动员体制中，乡村政治地位上升的状况。另一方面，仅仅靠单方面、强制性的命令，乡村是不会听从的。文明元年（1469）十一月，畠山义就和西军一方的西冈众约定，把寺社本所领庄园四分之一的田租收入转交给他们，以此为利，怂恿他们参战。据此，东寺下属下久世庄的公文久世氏向东寺索取四分之一的田租。

不过以上事例终归只是给予乡村的管理者个人粮食，应仁之乱中，也出现了向乡村提供粮食的事例。其中最早的例子是文明元年六月，东军赏赐给山科七乡（今京都市山科区，由庄园领主各异的七个本乡和九个组乡构成）的半济政策。(《山科家札记》)对乡村给予的半济，指的是田租免除一半[①]。因田租减少而困扰的是寺社本所，也就是庄园领主，武家是不会感到心痛的。因此，武家势力胡乱发出半济给予的命令。

应仁之乱中，通过半济给予来婉转地提供报酬以向乡村征兵的方式，得到了普及。战争结束后，每当战乱爆发，通过半济给予实施军事动员的现象必然存在。乡村反过来利用这点，即便在武家势力不承诺半济给予时也要求他们提供半济，也就是减租，作为军事协作的代价。武家势力收到寺社本所的悲诉，命令停止半济，但没有什么实际意义。

乡村要求半济，基本上有要求军功赏赐的特点，但不仅仅如此。战乱、天灾爆发时，为政者有义务实施善政，解救困苦的黎民，这是中世社会的普遍观念。正如田中克行所说，在当时的认识里，战时的半济属于"德政"的一部分，民众要求减租，是理所应当的。近世初期出现了"弓矢德政"[②]这个概念，战时的半济给予政策简直称得上是先驱。

事实上，应仁之乱中，只有京都周边没有发生土一揆，其他地区都时不时出现。文明四年袭击了奈良的土一揆就是一例。我们来看备后国（今广岛县东部）的例子。应仁之乱初期，西军在备后国处于优势，因此应仁二年（1468）十一月，与父亲山名宗

[①] 如前所述，这里的田租，原文作"年贡"，本来是庄园领主应该获得的收入。这里的半济指交给庄园领主的田租免除一半。
[②] 因战争受害而实施的德政。

全不睦而投靠东军的备后守护山名是丰亲赴备后。(《碧山日录》)东军于是卷土重来，次年，即文明元年，西军被从备后驱逐出去。

这时，备后爆发土一揆，要求实施德政。这次土一揆应该是东军在与西军大内军作战失败之际煽动起来的。因为他们以要求德政为名发起暴动，可能东军许诺了实施"德政"。

这里的"德政"具体是什么东西呢？根据具体状况考虑，譬如说从西军那里借来的米钱不用还了，或者取回自己的担保物或抵押的土地，应该就是这样的内容。在中世，未缴纳田租被视作对领主负债，那么禁止西军来催促交租，并承诺减免田租是有可能的。

利用德政进行的军事动员在应仁之乱后也存在。永正元年（1504）九月，药师寺元一固守淀城，发动对主君细川政元的叛乱。细川军出征讨伐药师寺元一后，京都爆发了土一揆。对此，幕府一面发布德政令，对土一揆采取怀柔之策，一面对京都周边的乡村以半济免除为条件，实施军事动员。以土一揆军为首，京都居民及近处的乡民，在幕府军的率领下进攻淀城，大破药师寺元一。(《后法兴院记》《宣胤卿记》等)

永正八年八月，尊奉足利义稙的细川高国（野州家出身，细川政元养子）与大内义兴在船冈山之战中击败细川澄元（赞州家出身，细川政元养子），占领京都，次月就爆发了土一揆，于是刚刚建立新体制的幕府不得不发布德政令。(《实隆公记》)正如足利义教死后袭击京都的土一揆所说的"换代的时候要实施德政，自古以来就是如此"，中世人有一种社会观念，认为为政者更替之际，所有权关系和借贷关系等此前既有的社会关系都应该被清算。

毫无疑问，永正八年的土一揆是趁京都混乱时发动的，但应该也打出了要求"换代德政"的旗号吧。前面提到的备后土一揆，也是趁统治者由西军改变为东军的当口开始的，并不单单是被东军组织起来的产物，可能也是意识到了"换代德政"的结果。

武家一方在"政权更替"时也积极地发布德政令。文明九年，从京都归国的大内政弘于次年进攻北九州，从少二氏手中夺取筑前。大内政弘于是在十月，于筑前发布了德政令。(《大内氏掟书》) 这个德政令是针对应仁之乱中支持大内氏的筑前国人发布的，所以这次德政的一个特点是作为军事动员的报酬，但并不单单如此。这次德政令中，文明十年八月十七日以前的借据被判为无效，因此这次德政令其实也是对旧统治者少二氏时代缔结的借贷关系的否定。这不仅仅是为了强化"政权更替"的印象，也是通过废除筑前国人与少二氏相关人员的债务，来消除少二氏的影响力。换言之，德政令的发布，是占领行政的一部分。

这种以战争结束和政权更替为契机的德政令也被战国大名所继承。提到德政令，总伴随着某种不负责任的印象，但在重新整理土地所有权关系这一意义上，与检地①有相通之处，可以被理解为一种领国政策。

战国大名为了防备日常的战乱，在修造城郭时需要从乡村征发民夫（普请役），战时也会征发运输物资的民夫（阵夫役）。当大名的领国整体面临侵略危机之时，也会向乡村农民征兵。既然要实施这样的总动员体制，战国大名就必须为了维持乡村的运行

---

① 对田地面积及产量进行调查。

而在民政上下功夫。这就与大名把领国的管理委任给守护代以下，自己在京都获取收益的室町时代大为不同了。

后北条氏曾向乡村发布大量文书，正如这一典型例子一样，与乡村、百姓直接面对面，这是战国大名与前代当权者的最大不同。而这样的社会动向的出发点，就是应仁之乱。

残存的兴福寺

古市澄胤的南山城统治因为尚未停止的国人反抗，并不如预想一般顺利。细川氏分家赞州家谋求山城守护之位，因此秘密支援山城国人，也是原因之一。(《后慈眼院殿御记》)这时，明应四年（1495）十一月，河内守护畠山义丰重臣游佐弥六自称"山城守护"，侵入南山城，进兵槇岛（今京都府宇治市槇岛町）。寻尊推测说"是为了救援古市吧"，但此后古市也未必对游佐的军事行动表示欢迎，所以也有研究者将其视为敌对军事行动。

无论如何，河内畠山氏介入南山城，给细川政元造成了刺激。明应五年八月，细川政元麾下猛将赤泽朝经（泽藏轩宗益，以下称为赤泽宗益）进攻山城。(《后法兴院记》)因此，游佐弥六以及驻留南山城的古市家臣井上近江守从山城撤军。(《大乘院寺社杂事记》)次年，即明应六年，南山城三郡守护代由赤泽宗益担任，北山城五郡守护代由细川政元重臣香西元长担任，由细川京兆家的军事力量来支持守护伊势氏的不正常的统治体制诞生了。伊势氏对细川氏势力的进驻表示认可，细川氏也承认伊势氏继续担任守护，这一体制可以说是双方妥协之下的产物。

在山城统治的问题上处于竞争关系的伊势氏和细川氏互相妥

终　章　应仁之乱的余波　　217

协，是因为足利义稙派势力扩大，对足利义澄的政权构成了威胁的缘故。趁明应六年七月爆发的河内畠山氏内斗，支持足利义稙的纪伊畠山尚顺拓展了势力，筒井藤王丸、十市远治等尚顺一方（曾经的畠山政长一方）加强了对河内及南山城的攻势。九月末至十月初，筒井等"牢人"回归奈良，古市、越智等败退。文明九年（1477）时被畠山义就击溃的筒井氏时隔二十年再度回归舞台。

控制了奈良的筒井对兴福寺宣誓"不在大和筹措军费，征发民夫"，因越智家荣反复征收物资而叫苦不迭的寻尊十分欢喜。然而，畠山尚顺十一月末进驻大和国之后，情势骤变。畠山尚顺没收了义丰一方万岁氏的领地，赐给了自己的马回众（亲卫队）。

正如本书所述，筒井派与越智派在大和争斗不休，胜者夺取败者的土地已司空见惯。但是，这终归只是侍奉兴福寺的大和众徒与国民之间的领地转移，兴福寺在形式上仍保持着影响力。一旦他国武士的占领出现，这就是迄今为止完全不一样的事态了。寻尊愤怒地说："武家家臣在神国大和国握有领地，是可忍孰不可忍。"

明应八年正月末，畠山尚顺终于在河内消灭了宿敌畠山义丰，畠山义丰嫡子义英败走。自信满满的畠山尚顺进一步强化了对大和的统治，没收了义丰一方片冈与吐田的土地，赐予自己的家臣。没收犯罪者的领地，并将其给予别人，这一权力被称作阙所地处分权，本来是守护的权限。大和国不设置守护，兴福寺就是事实上的大和守护。畠山尚顺行使阙所地处分权，就是对兴福寺守护权的否定。寻尊的危机感越来越强了。

当年九月五日，畠山尚顺响应足利义稙起兵，开始从河内向京都进军。畠山尚顺一方的大和势力也进军南山城。这场战役是足利义稙与足利义澄"两将军"争夺霸权的战役，寻尊战栗地说："应仁之乱以来，还没有这种程度的大乱。"然而九月末，赤泽宗益将南山城的尚顺一方一扫而空，被尚顺一方驱逐的"三十六人山城众"也得以回归。(《大乘院寺社杂事记》《中臣师淳记》)

古市澄胤眼见赤泽宗益迅速进军，便投靠到宗益麾下；其他众徒与国民却担心宗益入侵大和，于是加强了团结。十月末，越智家令与筒井藤王丸、成身院顺盛、十市远治等议和，决定在足利义稙和足利义澄的争斗中保持中立，并将他国势力从大和驱逐出去。除了古市澄胤，三十余名众徒与国民参加了这次议和，它称得上大和国版的山城国一揆。此外，当年十一月，筒井藤王丸出家，改名顺贤。(《大乘院寺社杂事记》)

从越前向京都进军的足利义稙于十一月在近江败给六角高赖，逃往河内，十二月投靠大内义兴，去了周防。(《大乘院寺社杂事记》《大乘院日记目录》《后法兴院记》)赤泽宗益在十一月十二日率数千兵进入南山城，足利义澄一方已宣告胜利，宗益侵入大和更加有现实意义。筒井等在大和各处巡逻守卫，六方众对宗益进行"名字封印"。寻尊对这一系列举动持批判态度："本次的战斗是畠山尚顺与细川政元、畠山义丰的争斗，兴福寺不应该参与进去。"

寻尊本来对在近江为恢复大乘院领属庄园助一臂之力的足利义稙颇有好意，足利义稙最初为夺回政权而起兵时，他还评价说："一方是将军，一方是细川。"也就是说，这是"将军"足利义稙和细川政元的冲突，前者更具有大义名分。但足利义稙败退近江以后，寻尊说"现在的战斗是两畠山与细川三者的争斗而已"，以免引起赤泽宗益的敌意。当他确信足利义澄、细川政元、赤泽宗益占据优势时，他就首先要考虑与胜利者的关系，寻尊的现实主义表现得十分明显。赤泽军在过去的七月里有对足利义稙一方的比叡山发动火攻的"成绩"，他的凶狠暴行可能曾在寻尊的脑中闪过。

果然，十二月十八日，赤泽军数千人以古市澄胤为先锋攻入大和，击破众徒与国民，骚扰沿途诸寺，侵入奈良。赤泽军在奈良町的暴行自不必说，在兴福寺内也极尽野蛮粗暴之力。寻尊有生以来从未见过奈良被破坏到这个地步，简直就是"闻所未闻"。

虽然寻尊对古市引入外部势力非常愤怒，但对六方众悬赏寻求宗益首级的轻率行为也表示反对。这是被宗益挑衅的结果，他很不满。筒井等也离开了奈良。

此后，大和国纳入了赤泽宗益的强权统治之下。宗益在永正元年（1504），细川京兆家内部的权力斗争中败北下台，在药师寺元一之乱后复出。由于暂时退出大和的赤泽军还有再次侵入的迹象，众徒与国民再度奋起。永正二年二月，越智家令的女儿出嫁筒井顺贤。当年十一月，布施、箸尾、越智、万岁、吐田、楢原、片冈、筒井、十市九氏请求兴福寺不要许可侵略河内的赤泽军经过大和。(《多闻院日记》) 越智派与筒井派的结盟确立下来。

大和主要众徒、国民团结一致，是应永二十一年（1414）国中之战以来时隔九十年没有的事情。这一历史性和解的契机是永正元年十二月，两畠山氏为打倒细川政元而联合。(《大乘院寺社杂事记》《后法兴院记》《实隆公记》）毕竟大和国人在应仁之乱以前就分别作为畠山政长派和畠山义就派相争了。

然而，仅仅因为这个原因，这种举国一致的体制就能够实现吗？赤泽军的威胁才是团结的原动力。永正三年三月，赤泽宗益击破河内两畠山氏，七月追究未协助河内征讨之罪，再度入侵大和。兴福寺担忧赤泽军会发动掠夺，于是与细川政元交涉，获得了禁止赤泽军掠夺的制札文书。另一方面，成身院顺盛震惊于赤泽军的强悍，于是去做细川政元的工作，希望他保住侄子筒井顺贤的性命，哪怕只能保住他一个。但筒井顺贤拒绝赦免，表示"舍弃大和苟活毫无意义"，选择了与其他大和国人一同战斗。大和各路势力之间出现了一种前所未有的团结之势。（《多闻院日记》）

在赤泽军的猛攻之下，大和国人联军败退，然而永正四年六月，在细川京兆家继承人争夺的旋涡中，细川政元被暗杀。正与丹后一色义有交战的赤泽宗益接报迅速返回京都，却遭到敌人追击战死。此后，在细川澄元的命令下，赤泽长经（宗益养子）入侵大和，击退大和国人联军。之后赤泽长经转战河内，与畠山义英交战。（《多闻院日记》等）

然而，寻尊对这一系列动乱的过程并没有多少兴趣。寻尊知道自己死期将近，终日读经三昧。永正五年五月二日，寻尊示寂，享年七十九岁。

五天前的四月二十七日，大内义兴拥戴前来周防的足利义稙在和泉国堺登陆。细川高国与畠山尚顺与之呼应，大和势力也打出了足利义稙派的旗帜。足利义澄派的细川澄元派遣赤泽长经和古市澄胤去大和，他们在七月十九日奈良的战斗中大胜，筒井等逃亡河内。赤泽长经、古市澄胤追击,却在河内战败,古市澄胤战死,长经被捕斩首。(《中臣祐弥记》等)几度血洗大和国的赤泽父子遭遇悲惨的结局,为了一己荣华富贵背叛兴福寺与其他大和国人的古市澄胤暴尸沙场。若是寻尊还健在,他会有怎样的感慨呢?果然还是会得意扬扬地说"春日大明神的惩罚应验了"吧。

此后,经过一番周折,筒井、越智、箸尾、十市四氏联合体制成立,大和国进入安定期。兴福寺统治大和一国的局面彻底改变。不过大和国人继续利用兴福寺的权威和权力实施统治,最终也没有脱离兴福寺而独立。

学术界将此称作大和国人的"极限",一般持否定评价。学术界指责其保守性,没能够打倒兴福寺这个腐败的权力中心,只能继续奉迎其旨意。但是,大和国人之所以能够放下持续数代的仇恨,实现团结一致,正是因为他们有侍奉兴福寺的自我认同。不可否认的是,兴福寺的权威在号召抵抗外部侵略时起到了一定作用。

笔者在前著《日本中世战争史》中说,战后历史学依据的革命思想与反战和平思想有多处矛盾。在前近代社会中,既有权威往往是被战乱打破的。中世兴福寺或许阻碍了大和国人作为领主的成长,但另一方面,也减轻了战争造成的损害。若不从这两方面展开评价,对兴福寺是不公平的。

此后的兴福寺持续与畿内瞬息万变的武家势力交涉,特别是松永久秀进入大和国,给当地带来了很大冲击,但这些超出了本书的主题。现在,我只想对艰难挺过战乱时代的经觉与寻尊致以敬意。

主要参考文献

二手文献

朝倉弘『奈良県史11　大和武士』名著出版、一九九二年。

熱田公『中世寺領荘園と動乱期の社会』思文閣出版、二〇〇四年。

阿部浩一『戦国期の徳政と地域社会』吉川弘文館、二〇〇一年。

家永遵嗣『室町幕府将軍権力の研究』東京大学日本史学研究室、一九九五年。

同「軍記『応仁記』と応仁の乱」(学習院大学文学部史学科編『歴史遊学』山川出版社、二〇〇一年)。

同「再論・軍記『応仁記』と応仁の乱」(学習院大学文学部史学科編『〔増補〕歴史遊学』山川出版社、二〇一一年)。

同「足利義視と文正元年の政変」(『学習院大学文学部研究年報』61、二〇一四年)。

池上裕子『日本の歴史10　戦国の群像』集英社、一九九二年。

石田晴男『戦争の日本史9　応仁・文明の乱』吉川弘文館、二〇〇八年。

伊藤俊一『室町期荘園制の研究』塙書房、二〇一〇年。

稲葉伸道『中世寺院の権力構造』岩波書店、一九九七年。

今谷明『室町幕府解体過程の研究』岩波書店、一九八五年。

同『土民嗷々　一四四一年の社会史』新人物往来社、一九八八年。

『日本の歴史9　日本国王と土民』集英社，一九九二年。

上田浩介「守護在京解体の画期と幕府求心力についての一考察」（『新潟史学』69，二〇一三年）。

植田信廣「名字を籠めるという刑罰について」（『法政研究』53－1，一九八六年）。

榎原雅治『室町幕府と地方の社会』岩波書店，二〇一六年。

海老沢美基「一五世紀の戦争と女性」（西村汎子編『戦の中の女たち』吉川弘文館，二〇〇四年）。

大藪海『室町幕府と地域権力』吉川弘文館，二〇一三年。

小川信『山名宗全と細川勝元』新人物往来社，一九九四年。

川岡勉『室町幕府と守護権力』吉川弘文館，二〇〇二年。

同『山名宗全』吉川弘文館，二〇〇九年。

同『山城国一揆と戦国社会』吉川弘文館，二〇一二年。

神田千里『戦国時代の自力と秩序』吉川弘文館，二〇一三年。

木下聡編著『管領斯波氏』戎光祥出版，二〇一五年。

久留島典子『日本の歴史13　一揆と戦国大名』講談社，二〇〇一年。

小谷利明「畿内戦国期守護と室町幕府」（『日本史研究』510，二〇〇五年）。

酒井紀美『日本中世の在地社会』吉川弘文館，一九九九年。

同『夢から探る中世』角川書店，二〇〇五年。

同『応仁の乱と在地社会』同成社，二〇一一年。

桜井英治『日本の歴史12　室町人の精神』講談社，二〇〇一年。

佐藤圭『朝倉孝景』戎光祥出版，二〇一四年。

設楽薫「将軍足利義材の政務決裁」（『史学雑誌』96－7，一九八七年）。

同「足利義材の没落と将軍直臣団」(『日本史研究』301，一九八七年)。

同「足利義尚政権考」(『史学雑誌』98－2，一九八九年)。

同「室町幕府評定衆摂津之親の日記『長禄四年記』の研究」(『東京大学史料編纂所研究紀要』3，一九九二年)。

清水克行『日本神判史』中央公論新社、二〇一〇年。

末柄豊「細川氏の同族連合体制の解体と畿内領国化」(石井進編『中世の法と政治』吉川弘文館、一九九二年)。

同「室町文化とその担い手たち」(榎原雅治編『日本の時代史11 一揆の時代』吉川弘文館、二〇〇三年)。

同「応仁・文明の乱」(『岩波講座日本歴史』8，二〇一四年)。

鈴木良一『応仁の乱』岩波書店、一九七三年。

同『大乗院寺社雑事記 ある門閥僧侶の没落の記録』そしえて、一九八三年。

高橋修「応仁の乱前の一色氏に就いて」(小川信先生の古稀記念論集を刊行する会編『日本中世政治社会の研究』続群書類従完成会、一九九一年)。

高橋康夫『京都中世都市史研究』思文閣出版、一九八三年。

同編『中世のなかの「京都」』新人物往来社、二〇〇六年。

高山京子『中世興福寺の門跡』勉誠出版、二〇一〇年。

竹本千鶴「茶道史における淋汗茶湯の位置付け」(二木謙一編『戦国織豊期の社会と儀礼』吉川弘文館、二〇〇六年)。

田中克行『中世の惣村と文書』山川出版社、一九九八年。

田中健夫『中世海外交渉史の研究』東京大学出版会、一九五九年。

田中倫子「戦国期における荘園村落と権力」(『日本史研究』193，一九七八年)。

田端泰子『足利義政と日野富子』山川出版社，二〇一一年。

鳥居和之「応仁・文明の乱後の室町幕府」(久留島典子、榎原雅治編『展望日本歴史11　室町の社会』東京堂出版，二〇〇六年；初出一九七六年)。

永島福太郎「大乗院寺社雑事記について」(日本史研究会史料研究部会編『中世社会の基本構造』御茶の水書房，一九五八年)。

永島福太郎『一条兼良』吉川弘文館，一九五九年。

同『応仁の乱』至文堂，一九六八年。

永原慶二『日本の歴史10　下剋上の時代』中央公論社，一九六五年。

永村眞編『醍醐寺の歴史と文化財』勉誠出版，二〇一一年。

早島大祐『足軽の誕生』朝日新聞出版，二〇一二年。

藤井崇『大内義興』戎光祥出版，二〇一四年。

藤木久志『飢餓と戦争の戦国を行く』朝日新聞社，二〇〇一年。

藤田達生編『伊勢国司北畠氏の研究』吉川弘文館，二〇〇四年。

古野貢『中世後期細川氏の権力構造』吉川弘文館，二〇〇八年。

百瀬今朝雄「応仁・文明の乱」(『岩波講座日本歴史』7，一九七六年)。

森茂暁『闇の歴史、後南朝』角川書店，一九九七年。

同『満済』ミネルヴァ書房，二〇〇四年。

同『室町幕府崩壊』角川書店，二〇一一年。

森田恭二『足利義政の研究』和泉書院，一九九三年。

同『戦国期歴代細川氏の研究』和泉書院，一九九四年。

安国陽子「戦国期大和の権力と在地構造」(『日本史研究』341，

一九九一年)。

安田次郎『中世の奈良』吉川弘文館、一九九八年。

同「尋尊と『大乗院寺社雑事記』」(五味文彦編『日記に中世を読む』吉川弘文館、一九九八年)。

同『中世の興福寺と大和』山川出版社、二〇〇一年。

同「筒井氏の牢籠と在地支配」(勝俣鎮夫編『寺院・検断・徳政』山川出版社、二〇〇四年)。

同編『大和の武士と武士団の基礎的研究』(科研報告書、二〇〇四年)。

山田康弘『戦国期室町幕府と将軍』吉川弘文館、二〇〇〇年。

山本隆志『山名宗全』ミネルヴァ書房、二〇一五年。

弓倉弘年『中世後期畿内近国守護の研究』清文堂出版、二〇〇六年。

吉田賢司『室町幕府軍制の構造と展開』吉川弘文館、二〇一〇年。

＊

大乗院寺社雑事記研究会編『大乗院寺社雑事記研究論集』1〜5、和泉書院、二〇〇一〜二〇一六年。

史　料

『大日本史料』第八編　東京大学出版会。

『満済准后日記』(『続群書類従』補遺一)続群書類従完成会・八木書店。

『看聞日記』(『続群書類従』補遺二)続群書類従完成会・八木書店。

『経覚私要鈔』（史料纂集）続群書類従完成会・八木書店。

『師郷記』（史料纂集）続群書類従完成会・八木書店。

『建内記』（大日本古記録）岩波書店。

『康富記』（増補史料大成）臨川書店。

『親長卿記』（増補史料大成）臨川書店。

『蔭凉軒日録』（増補続史料大成）臨川書店。

『斎藤基恒日記』（増補続史料大成）臨川書店。

『大乗院寺社雑事記』（増補続史料大成）臨川書店。

『大乗院日記目録』（増補続史料大成）臨川書店。

『碧山日録』（増補続史料大成）臨川書店。

『後法興院記』（増補続史料大成）臨川書店。

『応仁記』『応仁略記』『応仁別記』（『群書類従』第二十輯）続群書類従完成会・八木書店。

后　记

我与责任编辑并木光晴第一次就本书构想交换意见是在2014年。这一年1月我的《日本中世战争史》（新潮选书）出版了。这本书以蒙古袭来至应仁之乱约两百年间发生的种种战斗、战乱为对象，最后以关于应仁之乱的草率说明为结束。应仁之乱是日本史上最大的内乱之一，是作为中世史研究者无论如何一定想正面书写的主题，于是我向并木光晴提议"想写写应仁之乱"。

2014年是第一次世界大战开战一百周年，关于这场世界大战，出版了很多书籍、杂志、特刊等等。大致浏览了这些出版物之后，我想，应仁之乱不是与第一次世界大战很相似吗？

第一次世界大战是多种因素交织的战争，一言以蔽之，就是新兴帝国德意志，对以霸权国家英国为中心的世界秩序发起挑战的战争。但即便是对于受萨拉热窝事件影响而提出支持奥匈帝国和催促对塞尔维亚开战的德国，最初也并不期望与支持塞尔维亚的俄国、法国展开全面战争，与英国的冲突等就更不曾设想过了。这种情况对于英法俄等其他列强也是一样，各国领导人并不一定好战，倒不如说都是在计划之外投入到了世界大战之中。而且纵然所有参战国都希望短期一决胜负，战争却呈现出长期化、总体战的样貌。最终，因为英国海军实施海上封锁，补给线被切断了的德国选择投降，战争结束。但胜利者英法也因战争而十分疲敝，欧洲世界整体陷入没落。

应仁之乱，也有新兴势力山名氏向以霸权势力细川氏为中心的幕府秩序发起挑战的特征。但是山名宗全最初绝不期望与细川胜元展开全面战争，目标仅仅是军事介入畠山义就与畠山政长之间的局部战斗——御灵之战，帮助畠山义就取得胜利而已。细川胜元的反击，与其说想积极地、攻击性地打倒山名氏，倒不如说担心抛弃盟友畠山政长会损伤作为大名的面子，无奈之下才选择报复。东西两军都希望短期决战，战争却走向长期化，呈现出动员足轻和乡民开展总体战的样貌。最终，因为被东军切断了补给线，西军投降，战争结束。但东军诸将也损失巨大，连以钢铁般团结著称的细川氏一族日后也内斗不断。没落的参战大名被甩在了后面，所谓的"战国大名"崛起了。无问古今东西，人类也许总是在重复着同样的错误。

正如本书开头引用的战前、战后的观点，很多人将应仁之乱比喻为打开新时代的"革命"。不可否认，应仁之乱在结果上的确实现了这一意义，但这并不是追求变革的民众运动，而是统治阶层的"自灭"所带来的结果，这一点需要注意。而且，不应该忘却的是，这场"革命"流了多少血。

虽然如此，事后诸葛亮似的批判将军与大名的"愚蠢行为"，还是有些不当，要尽可能地把他们的想法和判断按照当时人的认识与感觉来理解。他们也适当地考虑了"出口战略"，为了结束战争，也做了不少努力，下了不少功夫。然而，因为交涉不足或错失时机，结束战争的工作不断失败，战争以无意义的方式持续着。未能下决心"割肉止损"，他们的举动对现代的我们而言，也是教训。

据实描绘这些反复挣扎、拼命求生的人的状态，以当时人的视角来解读应仁之乱，本书的这一尝试在多大程度上成功了，我仍有些担心，但如果或多或少勾画出了一个新的"应仁之乱"，那也不是作者我的功劳，而是经觉、寻尊这些伟大的观察者的功绩。此外，我从东京大学史料编纂所高桥敏子担仕干事的"《经觉私要钞》读书会"（笔者于 2007 至 2015 年间参加）的讨论中也获得了很多启发。借此机会，对当时的各位参加者表示感谢。

并木光晴请我执笔的时候我还比较闲暇，记得当时轻易答应了要"年内写完"。此后各种工作挤进来，执笔便推迟了，没有进展。在此向耐心等待着的诸君致以感谢和歉意。

2016 年 9 月 12 日

吴座勇一

年　表

年号	公元	将军	事项
明德三年	1392	义满	闰十月，南北朝统一（明德和约）。
明德五年（应永元年）	1394	义持	十二月，足利义满将将军之职让与义持。
应永二年	1395	义持	十一月，经觉出生。
应永十五年	1408	义持	五月，义满去世。
应永十七年	1410	义持	十一月，后龟山法皇逃往吉野。
应永十九年	1412	义持	八月，称光天皇践祚。
应永三十年	1423	义量	三月，足利义持将将军之职让与义量。
应永三十二年	1425	义量	二月，义量去世。
应永三十三年	1426		经觉出任兴福寺别当。
应永三十五年（正长元年）	1428	（无）	正月，足利义持去世。青莲院义圆（后来的足利义教）继承将军之位。三月，义圆还俗改名义宣。七月，后南朝小仓宫（圣承）逃往伊势。称光天皇去世。后花园天皇践祚。九月，正长德政一揆。十二月，北畠满雅败亡。
正长二年（永享元年）	1429	义教	三月，义宣将军宣下，改名义教。七月，兴福寺大乘院众徒丰田中坊与兴福寺一乘院众徒井户氏对立，引发战斗（大和永享之乱开始）。
永享二年	1430	义教	四月，小仓宫回京。八月，寻尊出生。
永享十年	1438	义教	八月，经觉触怒义教，离开兴福寺。
永享十一年	1439	义教	二月，越智维通败亡（大和永享之乱结束）。
永享十二年	1440	义教	三月，下总结城氏朝拥戴镰仓公方足利持氏遗子起兵（结城之战开始）。
永享十三年（嘉吉元年）	1441	义教	正月，畠山持国受义教责罚，其弟持永接任畠山家家督。四月，结城氏朝败亡（结城之战结束）。六月，赤松满祐、教康杀害足利义教（嘉吉之变）。千也茶丸（后来的义胜）继承将军之位。八月，畠山持国复任畠山家家督。九月，赤松氏在幕府军攻击下灭亡。十一月，经觉复任大乘院门主。

(续表)

嘉吉二年	1442	义胜	十一月，义胜将军宣下。
嘉吉三年	1443		六月，经觉上京拜会义胜。七月，义胜去世。三春（后来的义政）继任。
文安二年	1445		九月，经觉败于筒井一方，在鬼薗山城纵火，逃往安位寺。
文安三年	1446	（无）	十二月，三春改名义成。
文安五年	1448		十一月，畠山持国收回让其弟持富继承的决议，其子义夏（义就）元服，成为继承人。
文安六年（宝德元年）	1449		义成（义政）元服，将军宣下。
宝德四年（享德元年）	1452		九月，斯波义健去世。大野斯波氏当主种之子义敏继任。
享德二年	1453		六月，义成改名义政。
享德三年	1454	义政	四月，畠山持国驱逐侄弥三郎。八月，细川胜元、山名宗全等支援弥三郎，驱逐畠山持国、义夏（义就）。义政承认弥三郎为畠山家家督。九月，义政命细川胜元处死包庇弥三郎的胜元家臣矶谷四郎兵卫。十一月，义政决定讨伐宗全。最终在胜元的请求下，减刑为隐居但马。
长禄二年	1458		二月，义政开始实施寺社本所领返还政策。六月，在胜元调解下山名宗全被赦免。十一月，义政任命赤松政则为加贺北半国守护（赤松氏再兴）。
长禄三年	1459		正月，义政的乳母今参局因义政母日野重子的谗言被流放，在近江自尽。
长禄四年（宽正元年）	1460		九月，义政剥夺畠山义就的家督之位，给予畠山政长。闰九月，义政决定讨伐义就。十二月，义就固守河内岳山城。
宽正二年	1461		八月，义政让斯波松王丸（后来的义宽）出家，以涩川义镜之子义廉为斯波氏家督。
宽正四年	1463		八月，日野重子去世。十一月，重子百日追荐法会。斯波义敏、畠山义就获得大赦。
宽正五年	1464		七月，后土御门天皇践祚。十二月，义政之弟净土寺义寻还俗，改名义视。

（续表）

宽正六年	1465		十一月，日野富子生下义尚。
宽正七年（文正元年）	1466		七月，义政因伊势贞亲、季琼真蕊进言，剥夺斯波义廉家督之位，让斯波义敏担任斯波氏家督。松王丸还俗。义政因伊势贞亲进言，赦免大内政弘。九月，伊势贞亲试图排挤足利义视失败，贞亲、真蕊、斯波义敏、赤松政则等被逐出京都（文正政变）。十二月，畠山义就受山名宗全支持从河内上京。
文正二年（应仁元年）	1467	义政	正月，义政罢免畠山政长管领之职，斯波义廉就任管领，义就在京都上御灵社大破政长（御灵之战）。五月，赤松政则在细川胜元支持下，从山名氏手中夺回旧播磨领地；细川一方（东军）武田信贤、细川成之攻击山名一方（西军）一色义直宅邸（应仁之乱开始）。八月，大内政弘从周防上京，与西军会师；后花园上皇、后土御门天皇避难将军御所；义视逃出将军御所，前往伊势。
应仁二年	1468		三月，东军足轻大将骨皮道贤在京都稻荷山战死。八月，一条兼良投靠其子寻尊避难奈良。九月，义视从伊势回京。义视要求义政排斥日野胜光等。闰十月，朝仓孝景前去越前，义政让伊势贞亲重回政务。十一月，义视离开将军御所，加入西军（西幕府成立）。
应仁三年（文明元年）	1469		四月，经觉第四次出任兴福寺别当。十一月，成身院光宣去世。
文明二年	1470		七月，大内政弘入侵南山城。
文明三年	1471		六月，西军朝仓孝景叛入东军。八月，西幕府迎南朝后裔入京。
文明四年	1472		一月，西军山名宗全与东军细川胜元和谈。二月，和谈破裂。三月，细川胜元废除养嗣子胜之。八月，宗全将家督让与其孙政丰后隐居，朝仓孝景平定越前。

(续表)

文明五年	1473		正月，伊势贞亲去世。三月，山名宗全去世。五月，细川胜元去世，嫡子聪明丸（后来的政元）继任家督。八月，经觉去世。十二月，义尚将军宣下。
文明六年	1474		四月，西军山名政丰与东军细川聪明丸（政元）媾和。
文明八年	1476		六月，日野胜光去世。九月，义政向西军大内政弘送去书信，请求协助结束战争。十二月，义视向义政表示恭顺，义政回信誓言不追究义视之罪。
文明九年	1477		九月，畠山义就为讨伐畠山政长前去河内。十月，义就平定河内。十一月，西幕府解散，西军诸将离京去往领国（应仁之乱结束）。
文明十年	1478	义尚	三月，义政再度实施寺社本所领返还政策。十一月，细川聪明丸元服，改名政元。
文明十二年	1480		五月，义尚剪去发髻。七月，一条兼良作《樵谈治要》献与义尚。
文明十三年	1481		正月，义尚再度剪去发髻。十月，义政移居长谷圣护院山庄。
文明十四年	1482		三月，细川政元、畠山政长进攻畠山义就。七月，义政将政务移交给义尚，政元与义就停战、回京。
文明十七年	1485		六月，义政出家。十二月，山城国人要求两畠山撤军（山城国一揆）。
文明十八年	1486		二月，山城国一揆，在宇治平等院指定国中捉法。
文明十九年（长享元年）	1487		九月，义尚为讨伐六角高赖亲征近江。
长享三年（延德元年）	1489		三月，义尚在近江钩之阵军营中去世。四月，义视、义材父子从美浓上京，义政与日野富子同意义材继任第十代将军。
延德二年	1490	义稙	正月，义政去世。七月，义材（义稙）将军宣下。十二月，畠山义就去世。

（续表）

延德三年	1491	义稙	正月，义视去世。二月，管领细川胜元收九条政基之子聪明丸（后来的澄元）为养子。八月，义材为讨伐六角高赖亲征近江。
明应二年	1493		二月，义材率畠山政长等，为讨伐畠山义就之子基家（义丰），出兵河内。四月，细川政元废除义材，拥立清晃（足利义高＝义澄）（明应政变）。闰四月，细川政元攻畠山政长于河内，政长自杀，政长之子尚庆（尚顺）逃亡。六月，义材逃往越中。九月，古巾澄胤侵入南山城（山城国一揆崩溃）。
明应三年	1494	义澄	十二月，义高（义澄）将军宣下。
明应八年	1499		正月，畠山义丰与畠山尚顺在河内交战、败亡，义丰之子义英逃亡。十一月，义尹（义材改名）败退，投靠周防的大内义兴。十二月，细川政元家臣赤泽宗益侵入大和。
文龟四年（永正元年）	1504		九月，摄津守护代药师寺元一意图废除守护细川政元，拥立政元养子澄元；元一被抓获，自杀；京都爆发土一揆。十月，幕府发布德政令。十二月，畠山尚顺与畠山义英讲和。
永正四年	1507		六月，细川澄之与药师寺长忠等谋杀细川政元（永正错乱），赤泽宗益战死。八月，细川高国讨伐澄之，细川澄元继承细川政元之位。九月，赤泽宗益养子长经奉澄元之命进攻大和。
永正五年	1508	义稙	五月，寻尊去世。七月，义尹击破细川澄元入京，复任将军。
永正八年	1511		八月，义尹在山城船冈山击破细川澄元军。

出版后记

《应仁之乱》是日本历史学家吴座勇一的代表作，出版后不久便引起广泛关注，一度占据日本亚马逊畅销书榜第一位，至今累计销量已经超过三十五万册。本书作者不落窠臼，没有从政治史、军事史的角度写应仁之乱，而是另辟蹊径，从大和国兴福寺的两名僧人入手，以小见大，生动地描述了这场开启日本战国时代的大乱，同时也为读者勾勒了日本中世社会的风貌。

这本书能引发读者如此大的兴趣，引起日本媒体的关注，确实非常意外。传统上，一般读者对日本史的兴趣基本集中在战国时代和幕末维新两个时期，其他领域一直乏人问津，而应仁之乱更可称得上是冷门中的冷门，连以此为题材的大河剧都只能以惨淡的收视率收场。本书之所以能够吸引大量读者，甚至引发日本中世史研究的热潮，主要原因有三：首先，它虽然是面向大众的通俗历史著作，但绝非胡乱拼凑的陈腐、平庸之作，作者在引用、分析史学家既往及最新研究成果的基础上，提出了自己对某些关键问题的见解和论断，极具启发性；其次，本书虽然采用了微观史学从细微处着手的写法，但并没有忽略对大的历史背景的描述，作者以直白的语言简洁、清楚地介绍了时代背景、政治形势、各势力的关系，乃至当时的军事技术革新，将应仁之乱的起因、经过、影响、意义说得清清楚楚，读者即便完全不知道应仁之乱，也不会觉得难以理解；第三，和任何一部优秀的人文作品一样，本书的核心在于对人性的刻画，乱世中各阶层对命运的挣扎和在命运面前的无能为力令人动容。

总而言之,这本书篇幅虽小,涵盖内容却极广,读来十分有趣,又不乏引人深思之处。

服务热线:133-6631-2326　188-1142-1266
服务信箱:reader@hinabook.com

后浪出版公司
2020 年 2 月

图书在版编目（CIP）数据

应仁之乱 /（日）吴座勇一著；康昊译 . -- 成都：
四川文艺出版社，2020.2（2020.5 重印）
ISBN 978-7-5411-5602-1

Ⅰ . ①应… Ⅱ . ①吴… ②康… Ⅲ . ①日本—中世纪
史—战国时代（日本）Ⅳ . ① K313.34

中国版本图书馆 CIP 数据核字 (2020) 第 003685 号

OHNIN NO RAN- SENGOKUJIDAI WO UNDA TAIRAN
BY Yuichi GOZA
Copyright © 2016 Yuichi GOZA
Original Japanese edition published by CHUOKORON-SHINSHA, INC.
All rights reserved.
Chinese (in Simplified character only) translation copyright © 2020 by Ginkgo (Beijing)
Book Co., Ltd.
Chinese (in Simplified character only) translation rights arranged with
CHUOKORON-SHINSHA, INC. through Bardon-Chinese Media Agency, Taipei.

简体中文版权归属于银杏树下（北京）图书有限责任公司
版权登记号图进字：21-2019-583
地图审图号：GS（2019）4518 号

YINGRENZHILUAN
应仁之乱

[日] 吴座勇一 著
康 昊 译

选题策划	银杏树下	出版统筹	吴兴元
编辑统筹	张 鹏	责任编辑	荆 菁
特约编辑	方 宇　赵笑笑	责任校对	汪 平
装帧制造	墨白空间·尬木	营销推广	ONEBOOK
出版发行	四川文艺出版社（成都市槐树街 2 号）		
网　　址	www.scwys.com		
电　　话	028-86259287（发行部） 028-86259303（编辑部）		
传　　真	028-86259306		
邮购地址	成都市槐树街 2 号四川文艺出版社邮购部 610031		
印　　刷	北京盛通印刷股份有限公司		
成品尺寸	143mm×210mm	开　本	32 开
印　　张	7.75	字　数	174 千字
版　　次	2020 年 2 月第 一 版	印　次	2020 年 5 月第二次印刷
书　　号	ISBN 978-7-5411-5602-1	定　价	56.00 元

后浪出版咨询（北京）有限责任公司 常年法律顾问：北京大成律师事务所
周天晖 copyright@hinabook.com
未经许可，不得以任何方式复制或抄袭本书部分或全部内容
版权所有，侵权必究
本书若有质量问题，请与本公司图书销售中心联系调换。电话：010-64010019